Erich Maletzke * Klönschnack mit Nordlichtern

Erich Maletzke

Klönschnack mit Nordlichtern

Zu Gast bei fünfzig Prominenten

Zweite veränderte und überarbeitete Auflage

MALIK REGIONAL VERLAG

Die Deutsche Bibliothek — CIP-Einheitsaufnahme
Maletzke, Erich:
Klönschnack mit Nordlichtern :
Zu Gast bei fünfzig Prominenten /
Erich Maletzke. — 2., veränd. und überarb. Neuaufl. —
Kiel: Malik-Regional-Verl. 1992
ISBN 3-89029-949-0

Veränderte und überarbeitete Neuauflage 1992
Neuer Malik Verlag Kiel
Satz: Westholsteinische Verlagsanstalt GmbH
und Fuldaer Verlagsanstalt
Druck: Clausen & Bosse
Printed in Germany
ISBN 3-89029-949-0

Vorbemerkung

Um bei 50 prominenten oder zumindest interessanten Zeitgenossen eingelassen zu werden, muß man an viele Türen klopfen.

Zuweilen reichte ein Anruf für die Vereinbarung eines Gesprächstermins, in einem Fall waren zweijährige Verhandlungen erforderlich, ehe die Nachricht kam, man möge in einer Stunde am vereinbarten Treffpunkt sein.

Das kürzeste Gespräch dauerte zwanzig Minuten und fand während einer Autofahrt statt, das längste betrug mit Unterbrechungen drei Tage, was zweifellos daran gelegen hat, daß es in Ligurien und in der Toskana im Herbst besonders schön ist.

Die freundlichste Absage kam von Max Schmeling, die unfreundlichste von einer Literatin auf einem Küchenzettel mit der Aufforderung, man möge aufhören „zu insistieren". Mancher, der sich in der Öffentlichkeit sehr volkstümlich und jovial gibt, antwortete überhaupt nicht. Wieder andere wollten „Arbeitsproben" sehen oder zogen an dritter Stelle vorsichtshalber erst einmal Erkundigungen über den Autor ein.

War die Tür aber erst einmal geöffnet, gaben sich fast alle Gesprächspartner sehr auskunftsfreudig, und die Notizen hätten in einigen Fällen sogar für eine Biographie gereicht. Die Darstellung von Lebensläufen war aber nicht das Ziel der Besuche. Es soll vielmehr ein – notgedrungen sehr subjektives – Persönlichkeitsbild vom jeweiligen Gegenüber gezeichnet werden.

Erschienen sind die in diesem Buch zusammengefaßten Berichte zunächst in den Zeitungen des Schleswig-Holsteinischen Zeitungsverlages. Bei der Durchsicht der Artikel für die vorliegende Veröffentlichung sind an einigen Stellen Veränderungen vorgenommen, in einzelnen Fällen Anmerkungen gemacht worden.

Nicht zu übersehen ist, daß bei der Auswahl wieder einmal die Männer das Übergewicht haben. Dies liegt auch daran, daß der Prozentsatz der Absagen bei der weiblichen Prominenz sehr hoch war.

Wenn viele Träger bekannter Namen nicht in diese Sammlung aufgenommen wurden, dann deshalb, weil sie noch zu aktiv in der Politik beschäftigt sind und daher ohnehin nur berichtet hätten, was allseits bekannt ist.

Januar 1991 *E. M.*

Zur 2. Auflage

Für die 2. Auflage wurden alle Texte noch einmal überarbeitet und dort, wo es zum besseren Verständnis erforderlich schien, in einem P. S. die aktuelle Fortsetzung angefügt.

Juli 1992 *E. M.*

Erich Arp, der ewige Rebell

Erich Arp, Jahrgang 1909. Der gelernte Kaufmann wurde von den Engländern 1946 in den ersten schleswig-holsteinischen Landtag geschickt und entwickelte sich dort zum Enfant terrible. Von Dezember 1946 bis April 1947 war er im Kabinett der „Großen Koalition“ (Ministerpräsident Theodor Steltzer) Landesminister für Arbeit und Aufbau, anschließend bis Februar 1948 im Kabinett seines Parteifreundes Hermann Lüdemann Minister für Ernährung, Landwirtschaft und Forsten. 1949 schied Erich Arp mehr oder weniger freiwillig aus der SPD aus, blieb jedoch noch bis 1950 als parteiloser Abgeordneter im Kieler Landtag. In späteren Jahren versöhnte er sich mit der SPD.

8

Noch mit Ulbricht gewettet

Als Erich Arp noch als Minister und Abgeordneter Politik in Kiel betrieb, da waren seine ebenso drastischen wie originellen Aussagen allseits gefürchtet. 40 Jahre haben den letzten Überlebenden des legendären Kabinetts des ersten SPD-Regierungschefs Hermann Lüdemann wohl weiser, aber nicht kleinlauter gemacht.

Aufmüpfig wie eh und je sitzt er vor dem ins neue Jahr geretteten Weihnachtsbaum in der guten Stube seines Hamburger Bungalows, liest das „Neue Deutschland" ebenso gründlich wie das „Handelsblatt", verfolgt sehr aufmerksam den Stand der Zuckerpreise auf dem Weltmarkt, erwartet mit einiger Spannung, was der japanische Ministerpräsident bei seinem Deutschlandbesuch erklären wird und „kocht vor Wut", weil die SPD ausgerechnet Oskar Lafontaine zum Kanzlerkandidaten ausersehen habe. Die beiden letzten Bücher des Saarländers hat Erich Arp mit großer Sorgfalt studiert und ist zu dem Ergebnis gekommen: „Der Mann hat von der Wirtschaft keine Ahnung. Und dann noch ein praktizierender Katholik." Gut, er sei ein blendender Rhetoriker, aber als er ihn kürzlich auf dem Berliner Parteitag gehört habe, da sei er an Goebbels im Sportpalast erinnert worden.

Dann könne man ihn wohl eher als Anhänger von Vogel bezeichnen? „Kein schlechter Mann, aber auch katholisch und kein Wirtschaftsexperte", antwortet Arp.

Das allerbeste aber wäre, wenn es in Bonn endlich wieder eine große Koalition geben würde.

Ganz im Gegensatz zu vielen Politikern seines Alters läßt sich Erich Arp nur unwillig in die Vergangenheit ziehen. Warum er 1947 plötzlich sein Ministeramt verloren habe und auch in der Partei in Ungnade gefallen sei. „Das ist wirklich eine lange Geschichte", sagt er und erzählt sie nach einigem Anstoßen dann doch: Da ging es zunächst um Kartoffeln. Im Herbst 1947 habe er von der britischen Besatzungsbehörde in Kiel den Auftrag erhalten, sofort 100 000 Tonnen Kartoffeln nach Berlin zu liefern. „Ging gar nicht“, sagt Erich Arp, „dann hätten wir pro Kopf der Bevölkerung im Lande nicht, wie vorgesehen, zwei Zentner für die Einkellerung zur Verfügung stellen können, sondern nur die Hälfte.“

Im Kabinett brachte das den ersten Streit mit dem Ministerpräsidenten. Lüdemann habe von „Sabotage“ gesprochen und seinem Landwirtschaftsminister geraten, dem Befehl der Engländer zu folgen. „Er wollte nämlich gerne Bundespräsident werden“, sagt Erich Arp.

Den Engländern erzählte er, die Bezugsscheine für zwei Zentner seien schon verteilt, was nicht stimmte, und Rückfragen in Berlin ergaben, daß dort die Kartoffeln aus Schleswig-Holstein vor allem zum Schnapsbrennen benötigt wurden.

Arp hatte sich vorerst durchgesetzt. Mit Lüdemann aber gab es weiteren persönlichen Ärger. Einmal, weil der Landwirtschaftsminister für ein Fest der Landesregierung keinen Rehbraten aus landeseigenen Forsten liefern wollte, ein anderes Mal, als er ausgerechnet in dem Augenblick der Kabinettssitzung den Rücken kehrte, als Lüdemann darüber abstimmen ließ, ob bei der Eröffnung des nächsten Landtages die Polizei beritten oder auf Motorrädern auftreten sollte. Da Erich Arp außerdem noch Lüdemanns Pläne ablehnte, einen Nordstaat aus Schleswig-Holstein, Hamburg und Bremen und Nord-Niedersachsen zu gründen, war die Vertrauensbasis dahin. Anfang Dezember 1947 teilte Lüdemann ihm mit: „Erich, geh mal vier Wochen in Urlaub, und dann nehme ich einen anderen . . .“

Und wie er beim Parteivorsitzenden Andreas Gayk in Ungnade gefallen sei? Erich Arp wettert zunächst über die unverantwortliche Hochzinspolitik der Bundesbank, und berichtet dann, wie er mit Walter Ulbricht um einen Kasten Bier gewettet habe. Es ging darum, ob die KPD bei den nächsten Wahlen besser als vorher abschneiden werde. Arp gewann, aber Ulbricht zahlte nicht.

10 Der Besuch in der DDR war allerdings nicht ohne Brisanz, zumal Erich Arp seinen Parteifreunden nichts davon erzählt hatte. Er war immerhin Minister und ließ sich von dem KPD-Landtagsabgeordneten Julius Jürgensen über die grüne Grenze nach Mecklenburg schleusen. Dort besichtigte er landwirtschaftliche Einrichtungen, reiste anschließend nach Berlin und meldete sich bei Ministerpräsident Otto Grotewohl. „Den Otto" habe er aus seiner Reichsbannerzeit von vor 1933 noch gut gekannt. Ob er nicht auch noch dem Wilhelm (Pieck) und Walter (Ulbricht) guten Tag sagen wolle, habe Grotewohl gefragt. Natürlich wollte Erich Arp. Und im gleichen Jahr kam er noch einmal zum Austausch alter Erinnerungen in die DDR.

Da die Welt klein ist, wurden die heimlichen Reisen doch bekannt. Ausgerechnet Herbert Wehner habe das Ausschlußverfahren befürwortet, murrt Erich Arp.

Noch nicht einmal 40 Jahre alt, war er damit politischer Frührentner und wurde Geschäftsmann. Vor allem in Glas und Porzellan. Inzwischen haben zwei Söhne die Unternehmen übernommen. „Läuft vorzüglich", sagt Erich Arp, nennt die Höhe der Umsätze und ist schon wieder bei Zinsen, Ölpreisen und Japanern. Als Vorsitzender der Hamburger Griffelkunst-Vereinigung hat er gerade eine Alfred-Kubin-Ausstellung organisiert.

Die nächste Krise des Kapitalismus erwartet er übrigens in Japan.

Gerhart Bettermann vor dem „verwischten“ Bild

Gerhart Bettermann, geboren 1910 in Leipzig, 1925 bis 1928 Schlosserlehre, anschließend bis 1933 Wanderjahre, die ihn bis nach Ägypten führten. 1954 Gründer und bis 1970 1. Vorsitzender des Landesverbandes Bildender Künstler in Schleswig-Holstein. Zahlreiche Ausstellungen im In- und Ausland. Ließ sich 1953 in Winnemark an der Schlei nieder.

Warten auf neue Spannung

12

Da jeder Besucher nach dem Betreten des Hauses sogleich den malerischen Blick auf die Schlei bewundert, erzählt Gerhart Bettermann jedem Gast schon während der Begrüßung, wie er zu diesem Ausblick gekommen ist. Bei seinem Vagabundieren durch halb Europa sei er auf dem Rückweg von Skandinavien auch durch Schwansen gewandert, habe von der Anhöhe auf die Schlei-Halbinsel mit der Schwonsburg geblickt und sich gesagt: Wenn du einmal in deinem Leben seßhaft werden solltest, dann an dieser Stelle.

Ehe er die Geschichte weitererzählen kann, bringt Basko seinen Ball und besteht nachdrücklich darauf, beachtet zu werden, und Gerhart Bettermann berichtet, warum der Golden Retriever so unförmig ist. Wegen falscher Ernährung in jungen Jahren, und das wiederum sei auf eine falsche Auskunft des dänischen Züchters zurückzuführen.

„Ich bin jetzt 80 und habe ein verrücktes Leben geführt“, sagt Gerhart Bettermann und läßt die Vergangenheit aufleben. Er habe als junger Mann keine Lust verspürt, sich in die Schlange der Arbeitslosen einzureihen, deshalb sei er von 1928 bis 1933 durch die Welt gezogen und habe sich in jeder Sprache die Sätze gemerkt „Ich bin hungrig“, „Ich bin müde“, „Wie weit ist es nach...?“ Als Gegenleistung für Brot und Übernachtung porträtierte er die Wohltäter.

Den ersten Erfolg brachte 1931 der mit 300 Mark dotierte sächsische Kulturpreis, den Gerhart Bettermann für sein Bild „Arbeitsloser in der Dachkammer“ erhielt. „Da in der Jury erfahrene Männer saßen, wußte ich: du kannst was.“ Und das neue Selbstbewußtsein zahlte sich aus. Vier auf Hallig Oland gemalte Bilder fanden in Flensburg einen Käufer, und mit dem Erlös erwarb er bei Winnemark an der Schlei für 1300 Mark eine kleine Kate. Damit ist der von Basko unterbrochene Anfang der Geschichte wiedergefunden, und Gerhart Bettermann berichtet, wie er die alte Kiesgrube gekauft und dort eigenhändig sein heutiges Haus gebaut habe: mit alten Signalmasten der stillgelegten Kreisbahn Kappeln – Flensburg für den Dachstuhl, mit Sand aus der eigenen Endmoräne und mit Steinen aus einer zum Abbruch freigegebenen Halle. Nur für das Reetdach seien Fachleute gekommen.

Gerhart Bettermann sitzt auf dem Sofa unter einem seiner letzten Ölbilder mit der ins Unendliche führenden Straße, auf der sich zwei Menschen gegen den Sturm stemmen. „Das zeigt mein ganzes Leben", erläutert er das Motiv. „Ich bin mein Leben lang hinter Geld hergelaufen und weiß, was Not ist, aber ich verkaufe keine Bilder mehr, weil ich sie zusammenhalten möchte."

Jede Ausstellung sei für ihn eine Tortur, weil jeder etwas wissen wolle. „Ich bin im Moment etwas verbraucht, und ich warte, ob eine neue Eingebung kommt", sagt Gerhart Bettermann, und auf diese Gemütslage sei auch zurückzuführen, daß er statt des gewohnten herben derzeit einen süßen Wein trinke.

Die Hälfte des Wohnzimmertisches ist mit Sträußen vollgestellt, und Gerhart Bettermann sagt: „Ich kann auf alles verzichten, nur auf Blumen nicht." Und ein Baumstamm sei doch ein Wunder, auf das jeder Künstler, nicht nur der Maler, ständig hinweisen müsse.

„Jetzt behängt man mich mit Orden, aber als ich 1934 nach Winnemark kam, grüßte mich keiner. Ich war der einzige, der keine Hakenkreuzfahne und kein Hitlerbild besaß, und als der Ortsgruppenführer fragte, warum ich keine Fahne hisse, da habe ich geantwortet, weil ich keinen Fahnenmast habe."

Aber die Zurückhaltung der Norddeutschen imponiere ihm. Wenn im Süden ein Mann im Lokal sitze und ein zweiter hinzukomme, setze gehe er sich zu ihm. In Schleswig-Holstein dagegen lasse sich der neue Gast in der entferntesten Ecke nieder. Und während Gerhart Bettermann selbst in der äußersten Ecke des Sofas gerückt ist, fügt er hinzu: „Ich brauche das Wasser, vielleicht weil ich ein geborener Fisch bin, und ich kann heute noch mit Leichtigkeit eine halbe Stunde schwimmen."

Ob er noch einmal weiterarbeiten werde? „Ich bin wirklich ausgemalt. Es ist in mir keine Spannung mehr", sagt Gerhart Bettermann, und je mehr er über Kunst rede, desto weniger könne er schaffen. „Ich habe immer die soziale Not gemalt, sie hat mich stets berührt. Ich selber war als Künstler sowohl auf der Seite der Reichen als auch bei den Obdachlosen."

Das Atelier befindet sich im Keller, und die langen Neonröhren an der Decke hat Gerhart Bettermann so angelegt, daß sie ein immerwährendes Tageslicht schaffen. Auf der Staffelei steht das einzige Bild, das er im Jahr seines 80. Geburtstages gemalt hat. Es zeigt eine Baumlandschaft vom nahen Ufer der Schlei. Als es fast fertig war und den letzten Überzug erhalten sollte, verschmierten die Farben. „Das war ein Schicksalsstreich", sagt Gerhart Bettermann. „Wer weiß, ob ich es je beenden werde."

An den Wänden des Ateliers auf dem Grund der ausgebeuteten Kiesgrube hängt in dutzendfacher Ausführung Bettermanns bekanntestes Bild. Es zeigt das zerfurchte Gesicht eines alten Fischers. Für das Portrait standen gleich zwei Originale Modell. Auf das eine stieß er in Spanien, das andere Vorbild entdeckte er im Hafen von Maasholm.

Für sein künstlerisches Glaubensbekenntnis braucht Gerhart Bettermann nur wenige Zeilen:

„Ich habe in meiner Kunst stets versucht, möglichst wenig zu wiederholen. Aber völlig Neues gibt es nicht. Jeder steht auf der Schulter eines Vorgängers."

Fürst Ferdinand von Bismarck, Träger eines großen Namens

Ferdinand von Bismarck, Jahrgang 1930, ist der Urenkel des legendären Reichskanzlers. Nach dem Studium der Volkswirtschaft und der Rechtswissenschaften war Ferdinand von Bismarck zunächst im Brüsseler Sekretariat des EG-Präsidenten Walter von Hallstein beschäftigt (1961 bis 67). 1967 ließ er sich als Rechtsanwalt in Hamburg und Lübeck nieder. Seit dem Tod des Vaters 1975 ist er der Chef des Hauses von Bismarck und lebt mit seiner Familie auf Schloß Friedrichsruh. Neben dem 6000 Hektar großen Sachsenwald gehört ihm auch eine Plantage in Paraguay, auf der für die Holzproduktion Zedern und Nadelhölzer angepflanzt werden.

Hüter der Tradition

16

Was die politischen Ämter betrifft, der Abstieg derer von Bismarck ist nicht zu übersehen. Reichskanzler der Stammvater, Staatssekretär der Sohn Herbert, Bundestagsabgeordneter der Enkel Otto und CDU-Ortsvorsitzender in Aumühle der Urenkel Ferdinand. Aber selbstbewußt wie der Chef des Hauses Bismarck inmitten der durch die wichtigsten Preußenkönige verstärkten Ahnengalerie sitzt, macht er nicht den Eindruck, etwas zu vermissen. Und damit niemand glaube, sein politischer Horizont reiche nur bis zum nächsten Kirchturm, schlägt er den Bogen weit: Durch die Öffnung nach Osten sei die Politik wieder interessant geworden, dieses Ausbalancieren der Kräfte, ja, ganz möchte er nicht ausschließen, vielleicht doch einmal in die große Politik zu gehen.

An die vorbeifahrenden Züge gewöhne man sich, sagt Fürst Ferdinand, auch habe er gehört, daß die Strecke bald Richtung Berlin führen und dann elektrifiziert werde. Der Anblick des verkommenen Bahnhofs, an dem 1896 noch der chinesische Vizekaiser ausstieg, bleibt ihm von seinem Platz unter dem Lenbach-Gemälde des Ehepaars Bismarck erspart.

Der Fürst trinkt Mineralwasser und sagt, Berlin müßte unbedingt wieder deutsche Hauptstadt werden. Aus Tradition, aber auch, weil sich in einer Hauptstadt Wissenschaft, Kultur und Politik gegenseitig inspirieren sollten. In Bonn sei man von allen Kontakten abgeschnitten. Dort herrsche Treibhauseffekt.

Die Glocken der Schranken künden den nächsten Zug an, und als der Triebwagen unter dem Fenster vorbeifährt, erzählt der Gastgeber, wie kurz vor Kriegsende britische Bomber das alte Herrenhaus angriffen und zerstörten. Später, als das neue Haus mit den drei Stockwerken schon stand, da sei einer der Piloten gekommen und habe sich für den Angriff entschuldigt und erklärt, daß es sich leider um ein Mißverständnis gehandelt habe. Der englische Geheimdienst habe vermutet, Himmler befinde sich im Hause. Doch in Wirklichkeit residierten dort nur die schwedische Gesandtschaft, das schwedische Rote Kreuz sowie der Schweizer Generalkonsul mit seiner Frau. Das Ehepaar fand in den brennenden Mauern den Tod.

Der 100. Jahrestag der Entlassung seines Urgroßvaters aus dem Regierungsdienst habe das Interesse der Öffentlichkeit für den Reichsgründer weiter gestärkt, sagt der Fürst, und vermutet kühn, daß es weder den Ersten noch den Zweiten Weltkrieg gegeben hätte, wenn Bismarck, und damit auch sein Sohn Herbert, noch einige Jahre im Amt geblieben wären.

In einem Aufsatz hat er beschrieben, was der Urgroßvater wohl zu der deutschen Wiedervereinigung sagen würde, und ist zu dem Ergebnis gekommen: Er hätte „nicht lange zugesehen, wie das politische Vakuum in der DDR brachliegt, sondern mit sicherem Instinkt die Lücke sofort ausgefüllt . . ."

Persönliche Vorteile erwartet der Urenkel von der Wiedervereinigung nicht. Das alte Schloß Schönhausen sei 1958 von den Russen gesprengt worden, wohl aus politischen Gründen. Nur ein kleiner Teil stehe noch, darunter das Zimmer, in dem Otto von Bismarck geboren wurde, und auch eine Kirche mit den Särgen der Vorfahren.

Aber vielleicht könnte man mit der LPG Schönhausen ein Joint-Venture machen, überlegt der Fürst, und erklärt sich spontan bereit, finanziell einzusteigen. „Aber wir können ja dort nicht einfach vorfahren", sagt er.

Als Otto von Bismarck im Jahre 1871 vom deutschen Kaiser den Sachsenwald als Geschenk erhielt, da gab es dort kein Wohnhaus, so daß er zunächst im Gasthaus logieren mußte. Vielleicht ist der Kauf des nahegelegenen Schlosses Reinbek schlicht am hohen Preis gescheitert, aber als offizielle Version bietet Fürst Ferdinand eine Anekdote: Der alte Herr habe sich auf dem Weg zur Versteigerung des Schlosses befunden, da sei einer seiner Hunde weggelaufen und die Suchaktion habe so viel Zeit in Anspruch genommen, daß die Immobilie leider einem anderen Bewerber zugeschlagen wurde.

„Wir heizen hier mit Hack-Schnitzel", sagt der Fürst, das sei billig, und auf die Frage, ob die Familie von dem Ererbten leben könne, klagt er standesgemäß, der Besitz werfe nicht viel ab, und man müsse mit äußerster Sparsamkeit wirtschaften. Glücklicherweise sei die Nachfrage nach Holz aber noch immer sehr gut.

Zwei seiner Brüder haben je ein Gut in der Umgebung geerbt, ein dritter Bruder sei „wirtschaftlich nicht tätig".

Die vier Kinder des Fürstenpaars sind schon aus dem Haus, und der Vater berichtet mit Wohlgefallen: Einer der Jungen arbeite in der Filmwirtschaft, ein anderer im Immobiliengeschäft, und der dritte mache gerade seinen Doktor in Kommunikationswissenschaft. Die Tochter besuche das Internat in Salem.

Das Haus mit dem alten Park ist fast schon ein Schloß, aber man hört und sieht keinen Menschen, obwohl irgendwo die restliche Familie wohnt. Drüben, jenseits der Bahnschienen, stehen im Mausoleum die fünf Särge der Vorfahren, und dort ist mehr Leben.

Fürst Ferdinand zeigt das Arbeitszimmer, in dem Bismarck seine Memoiren geschrieben hat. Der Ledersessel steht noch hinter dem neuen Schreibtisch, die anderen Einrichtungsgegenstände die den Bombenangriff überstanden haben, befinden sich auf der anderen Seite der Parkmauer im Museum.

Da er sich als Chef des Hauses Bismarck auch als Wahrer der Bismarckschen Tradition betrachtet, gibt der Fürst zum Abschluß des Gesprächs seinem Unwillen über einen Fernsehfilm Ausdruck, der anläßlich des 100. Jahrestages der Entlassung des Urgroßvaters gesendet worden ist. „Nicht Machtstreben, Geltungssucht und Gewinnstreben, wie in dem Film dargestellt, sondern Idealismus und die Sehnsucht des deutschen Volkes nach Einheit haben sein Handeln bestimmt."

Auch draußen ist kein Mensch zu sehen, obwohl jemand die großen Rasenflächen unter der blauweißen Bismarckfahne gemäht haben muß. Das meterhohe

Holztor öffnet sich geräuschlos auf ein Hupzeichen, ebenso die zweite schmiedeeiserne Sicherung.

Die Handbewegung, die der Fürst beim Abschied macht, kann man nicht erlernen, sondern nur ererben.

Lesend auf Fehmarn: Walter Braun

Professor Walter Braun, geboren 1930 in Singen. Studium der Betriebswirtschaft, Dekan der Rechts- und Staatswissenschaftlichen Fakultät der Kieler Universität. 1969 bis 1979 Kultusminister, 1979 bis 1983 Sozialminister, 1971 bis 1987 CDU-Mitglied des Landtages.

Einsiedler am Inselrand

Unmittelbar hinter dem Haus beginnt das Vogelschutzgebiet, und zunächst erläutert Walter Braun die sehr reichlich eingegangenen Geschenke zum 60. Geburtstag. Der Bücherstapel mißt einen Meter, und die Memoiren des Kaisers Augustus liest er deshalb mit Begeisterung, „weil sie zeigen, wie Macht funktioniert“.

Mehr als zwei Jahre hat er am äußersten Winkel Fehmarns ein Eremiten-Dasein geführt, von morgens bis abends gerechnet und geschrieben, nur am Wochenende die Familie in Flintbek besucht. Nein, es dürfe nichts verraten werden, „wissenschaftliche Arbeiten“ seien es. Alles andere werde sich herausstellen.

Walter Braun hat Kuchen für zehn Personen gekauft, und der Kaffee könnte Tote wecken. Wenn er von Uwe Barschel spricht, nennt er ihn nicht beim Namen, sondern sagt „der Betreffende“ oder „der Verstorbene“. Er möchte zu diesem Thema am liebsten gar nichts sagen und schildert dann doch, wie er bei einem Urlaub das Genfer Hotel „Beau Rivage“ aufgesucht hat. Den Text, den er zu diesem Thema zur Veröffentlichung freigibt, diktiert Walter Braun in die Feder: „Mich interessierte die Atmosphäre eines Hotels, in dem ein Mensch so etwas tut.“ Die völlige Anonymität eines derartigen Hauses habe Uwe Barschel für einen Selbstmord benötigt.

Schon 1972 habe er gewußt, wann seine Karriere in der Politik beendet sei, nämlich mit dem Machtantritt Uwe Barschels, verrät Walter Braun. In der Lobby des Landtags habe ihn der damals 28jährige Doppeldoktor und Regierungsbeauftragte für Jugend und Sport gefragt, ob er, Braun, ihm nicht den Professoren-Titel besorgen könne. Er sei schließlich Lehrbeauftragter an der Pädagogischen Hochschule. „Ich habe das abgelehnt, und da war mir klar, daß ich verspielt hatte.“

Die Bauarbeiter, die das Fertighaus erweitern, sprechen ihn respektvoll mit „Herr Professor“ an, und Walter Braun schildert mit Stolz, wie er in zehn Tagen ohne jede Hilfe das Holzhaus am Grundstücksrand erstellt hat. Von eigener Hand verlegt sind auch die roten Steine unter der Dachrinne. Die Zeitung lese er nur noch, um zu sehen, wer gestorben sei, oder ob er jemandem gratulieren dürfe, und wenn andere Leute stundenlang fernsähen, dann lese er Bücher. In Kürze gehe außerdem der Seminarbetrieb wieder los, dann habe er ohnehin kaum noch Zeit.

Aber nicht an die Universität ist der gelernte Betriebswirt zurückgekehrt, sondern beim Rheinmetall-Konzern betreibt er Mitarbeiterschulung. 2800 von ihnen habe er schon in den mit hochkarätigen Experten besetzten Seminaren begrüßt, und gerade die Meister seien die dankbarsten Teilnehmer. „Ich bin ein Transmissionsriemen zwischen der Basis und der Spitze", sagt Walter Braun, und oft reiche es schon, wenn man sich einfach die Probleme der Arbeitnehmer anhöre, um dann der Leitung mitzuteilen, „wo die Stimmung im Eimer ist". Das Schönste an dieser Beschäftigung aber sei, daß er sie nicht auf der Parteibuchschiene erreicht habe. „Ich bin stolz darauf, und ich werde wegen dieser Tätigkeit auch von vielen beneidet."

Und ob er denn gar nichts der Politik zu verdanken habe? Walter Braun lehnt sich auf dem Terrassenstuhl zurück, blickt in die Ferne, wo demnächst die Sonne versinken wird, und sagt: „Der Untergang des Sozialismus ist eine einzigartige Faszination. Vieles von dem, was jetzt geschieht, würde ich nicht verstehen, wenn ich nicht selber in der Politik gewesen wäre."

Er habe auch wirklich lange genug Politik betrieben, fügt er hinzu und macht den Vorschlag, eine gesetzliche Regelung einzuführen, die das Ministeramt zeitlich begrenzt. Wer es zu lange ausübe, verliere nämlich seine Kreativität und auch seine Objektivität.

Und wie man Minister werde? Im Frühjahr 1969 habe er völlig überraschend einen Anruf aus der Kieler Staatskanzlei erhalten. Er möge sofort zum Ministerpräsidenten kommen. „Ich möchte, daß Sie mein Wirtschaftsminister werden", habe Helmut Lemke ihm eröffnet, und er habe geantwortet: „Ich habe einen ordentlichen Beruf, Minister will ich nicht werden." Später habe er sich dann zur Übernahme des Kultusressorts überreden lassen.

Walter Braun raucht viele Marlboros und sagt: „Ich fühle mich richtig wohl und vermisse gar nichts." Daß er seine Vergangenheit als Professor noch nicht völlig bewältigt hat, erkennt man daran, daß er Prüfungsfragen stellt: „Wie viele Kilometer ein Meister im Betrieb pro Tag laufe?" Antwort: etwa zwölf. Und warum ein französischer Soldat über Walter Brauns Bildungsweg entschieden habe? Antwort: Dem jüngsten Bruder seiner Mutter sei im Frankreich-Feldzug der rechte Arm abgeschossen worden. Der Handwerker sei total verzweifelt gewesen und habe der Mutter geraten, Sohn Walter eine Kopfausbildung zu sichern. Und so sei es geschehen.

Fast jeder Mensch verfüge über ein Talent, sagt Walter Braun. Die Tragödie bestehe darin, daß dies in den meisten Fällen von keinem erkannt werde, oft genug nicht einmal von den Eltern.

Nach dem Foto unter dem Kirschbaum besteht Walter Braun darauf, persönlich den Fotografen zu fotografieren, und er geht weit zurück, damit auch die Füße auf dem Bild sind.

„So gegen 23.30 Uhr trinke ich im nahen Dorfkrug immer mein Bier", sagt er, „ein bißchen Kontakt zur Menschheit muß man ja haben."

Ernst Breit als Pensionär

Ernst Breit, geboren 1924 in Rickelshof bei Heide, war von 1982 bis 1990 als Nachfolger von Heinz-Oskar Vetter DGB-Vorsitzender. Zuvor war er Vorsitzender der Deutschen Postgewerkschaft und von 1978 bis 1982 zugleich Präsident der Weltorganisation der Postgewerkschaften.

Das Rheinländische nicht angenommen

25

Ehe er sich auf das Sofa setzt, zieht Ernst Breit unternehmungslustig sein Jackett aus, dann lächelt er nur freundlich und sagt zunächst gar nichts. Die parlamentarische Verbindungsstelle des DGB liegt im fünften Stock über der Bonner Filiale der Volksfürsorge und der Bank für Gemeinwirtschaft. Als zusätzlichen Schutz hat Ernst Breit auch noch Sabine von der DGB-Pressestelle bestellt, die ebenfalls sehr freundlich lächelt.

Die in Dithmarschen verbreitete Neuigkeit, nach einem Ausscheiden als DGB-Chef werde er wieder in die Heimat zurückkehren, nennt Ernst Breit ein Gerücht. „Früher kannte ich dort jeden Weg und wußte, wem jedes Feld gehört, aber das ist alles vorbei.“ Er wäre dort alleine, da seine Kinder in Bonn und Luxemburg lebten und seine Frau als Ärztin in Düsseldorf arbeite, und bei seinem letzten Besuch im Geburtsort Rickelshof bei Heide habe er die neue Autobahn gesehen. Das sei ja furchtbar.

Er lebe nun 30 Jahre im Rheinland, aber die Sprache habe er nicht angenommen. Das sei auch von allen akzeptiert worden, und zwar nach der Devise: „Der ist nun einmal so.“ Das Bayerische könne er dagegen sehr gut verstehen, sagt Ernst Breit, mit einem engen Mitarbeiter aus Bayern habe er vereinbart, daß im Falle von Meinungsverschiedenheiten der eine auf bayerisch und der andere auf plattdeutsch schimpfen dürfe. Mit dieser Regelung sei man sehr gut zurechtgekommen.

Aus seiner Zeit als Postmeister in Neustadt (Holstein) weiß Ernst Breit, daß es in Deutschland 27 Orte mit dem Namen Neustadt gibt, und er berichtet, wie oft unter seiner Anleitung bei fehlgeleiteter Post anhand der Straßennamen das richtige Neustadt gefunden worden sei.

Später war Ernst Breit dann bei Ronald Reagan in

Washington und bei Michail Gorbatschow in Moskau. Zwischen beiden habe ein Unterschied wie Tag und Nacht bestanden, sagt er. Mit Gorbatschow habe man im Gegensatz zum amerikanischen Präsidenten gut diskutieren können. Ernst Breit erzählt auch, wie er Gorbatschow bei dessen Bonner Besuch während eines Empfanges vom Kanzler vorgestellt worden sei: „Wir kennen uns doch", habe daraufhin Gorbatschow gesagt. „Ich hoffe, er hat so viel Zeit, um alles über die Runden zu bringen", sagt Ernst Breit, und die Aufgabe sei deshalb so groß, weil es sich bei der Sowjetunion ja nicht um ein Land, sondern um einen Erdteil handle. Als Begründung für die schwierige Lage nennt er die russische Seele. Alle seien an Anweisungen gewohnt gewesen und wenn diese ausblieben, dann müßte man die Leute so weit kriegen, daß sie selber die Initiative ergreifen. Das aber geschehe nur, wenn es sich lohne. Der Lohn aber fehle.

Den eigenen Ruhestand nennt Ernst Breit einen „eingeschränkten", und wer sich in seinen Terminkalender zu drängen versucht, muß im dienstlichen Bereich mit Rom und Oslo konkurrieren.

Der Campingreisende Ernst Breit empfiehlt vor allem Frankreich. Dort habe er selbst im berüchtigten Süden nie Ärger gehabt, und strandmäßig mache der Abschnitt zwischen Bordeaux und Biarritz das heimische Sylt zu einem Dorf.

Wie Ernst Breit freundlich lächelnd auf der Couch sitzt, kann man ihn sich nur mühsam am Strand von Biarritz vorstellen und auf die Frage, wie er die aktuelle politische Lage sehe, antwortet er, daß die alte DDR in drei bis sechs Jahren das westliche Niveau erreicht haben werde. Wenn das nicht gelinge, dann würden noch mehr von den Besten ihre Heimat verlassen. Und auf den Einwand, was zu dieser Ansicht wohl Oskar Lafontaine sagen werde, antwortet Breit, der könne es ruhig hören.

Ob er noch gerne als DGB-Chef weitergemacht

hätte? Ernst Breit sagt: Acht Jahre seien genug, es werde Zeit, daß ein Neuer komme und den nötigen Schwung bringe.

Vielleicht als Trost dafür, daß er nicht wieder nach Dithmarschen zurückkehren will, verrät Ernst Breit beim Abschied, daß er zu Hause ein gußeisernes Wappen von seiner Heimat aufgehängt habe. Es zeigt vor rotem Untergrund einen im Kampf voranstürmenden Ritter und war ein möglicherweise symbolträchtiges wenngleich erfolgloses Geschenk zum 60. Geburtstag.

Der Präsident und die Geldzähler: Karl Eigen auf seinem Altenteil

Karl Eigen, geboren 1927 in Lübeck, ist seit 1984 Präsident des Schleswig-Holsteinischen Bauernverbandes und seit 1972 mit einer Unterbrechung von vier Jahren (1976 bis 1980) CDU-Mitglied im Bundestag. Mit dem Ende der Legislaturperiode im Dezember 1990 zog sich Karl Eigen aus der Politik zurück.

Zehn Akademiker im Rücken

Vor der Einfahrt steht ein Schild mit der Aufschrift „Karls Ruhe", und wenn Karl Eigen vom Wohnzimmer nach draußen blickt, sieht er die Rotbuche, die sein Vater 1909 gepflanzt hat, und er sagt: „Wer im Frühjahr über das Feld geht und keine besonderen Gefühle hat, der soll nicht Bauer werden." Für ihn persönlich habe das „Wachsen und Werden so viele ethische und positive Seiten", daß er ein Landwirt aus Leidenschaft sei, und wenn er mit Freunden etwas zu feiern oder zu gedenken habe, dann im Mai, wenn der Raps blühe.

Aus der ehemaligen DDR kommt Karl Eigen stets mit Kopfschmerzen zurück, weil er das dortige Schwefeldioxid in der Luft nicht verträgt, und daß sein Ansehen in Ostdeutschland groß ist, führt er auf einen Glücksfall zurück: Als die Bundesbank nach dem Fall der Mauer für den Umtausch von Ost- gegen Westmark eine Quote von 2:1 empfohlen habe, sei er hinübergefahren und habe erklärt, das kommt überhaupt nicht in Frage, 1:1 müsse der Kurs heißen. Eine Woche später habe die Bundesregierung genau das beschlossen „und die Leute drüben haben gesagt: Donnerwetter, der Eigen hat sich durchgesetzt."

An den Tisch setzt sich Karl Eigen mit dem Rücken zur Rotbuche und blickt direkt auf die aus dem Rheinland stammenden und in Öl gemalten Ahnen. Der Senator Schröder hat zu Rathingen sogar eine ganze Kirche gestiftet. Wahrscheinlich deshalb, weil er viel dummes Zeug gemacht und folglich ein ziemlich schlechtes Gewissen gehabt haben müsse, mutmaßt der Nachfahre.

Der Entschluß, sich aus dem Bundestag zurückzuziehen, sei ihm schwergefallen, gesteht Karl Eigen. Die unangenehmste Erfahrung seiner Bonner Zeit sei die Erkenntnis, daß ein Abgeordneter Wahlen kaum beeinflussen könne. Entweder sei die Großwetterlage gut oder nicht, und zuerst habe er beim Wählerbesuch in

Hochhäusern immer die Treppe benutzt, bis er erkannt habe, daß man hoch mit dem Fahrstuhl fahren müsse und nur runter zu Fuß gehe. „Für Wahlausgänge habe ich immer falsche Prognosen gegeben, weil ich zu optimistisch bin", sagt er und hält den Kollegen in der Politik vor, zuviel Kraft in die Bemühungen um die eigene Wiederwahl zu investieren, aber im Bundestag zuwenig für das Wohl des deutschen Volkes zu tun.

Die Bevölkerung im Wahlkreis interessiere sich überhaupt nicht dafür, was ihr Abgeordneter in Bonn treibe, entscheidend sei allein das Grußwort beim Kaninchenzüchter-Verein, sagt er. „Gesetze kommen ohnehin aus den Ministerien, die Volksvertreter dürfen nur ein wenig daran herumstreichen." Wer als Abgeordneter über Sachverstand verfüge, könne allerdings etwas bewirken. Er selbst habe mit seinen zehn Akademikern vom heimischen Bauernverband im Rücken stets gute Chancen gehabt. Wenn er vom Umweltminister ein Riesenwerk erhalte, dann lasse er sich von einem der Studierten daraus erst einmal zwei Seiten machen.

Die drei Familienwappen hat Karl Eigen in das bleiverglaste Wohnzimmerfenster um das Landeswappen gruppiert, und bei wichtigen Anlässen, wie dem eigenen Geburtstag, wird vor dem Haus zusätzlich die Schleswig-Holstein-Fahne aufgezogen.

Seit dem Ersten Weltkrieg habe sich der soziale Status der Landwirte gründlich verändert, sagt Karl Eigen. Früher sei ein Bauer mit 50 Hektar Besitz ein Herr gewesen, heute mache er die Arbeit selber, und die einzigen, denen die Wiedervereinigung nur Nachteile bringe, seien die Bauern. Zwischen 500 und 600 Mark liege der Verlust pro Schlachtkuh, und die Bauern „werden weiter geknebelt". Es sei „schon eine Schande, was mit uns gemacht wird".

Zunächst möchte Karl Eigen nicht vor dem Bild fotografiert werden, das drei Juden beim Geldzählen zeigt, aber seine Frau spricht ihm Mut zu, da das alte Gemälde wirklich gut sei. Im Arbeitszimmer hängt auch noch das eigene Porträt, aber vor dem will Karl Eigen auf gar keinen Fall posieren, weil er darauf aussehe, als wäre er von der Mafia.

Mit 66 Jahren sei auch als Präsident des Bauernverbandes Schluß, verspricht er, und die Begründung wirkt einleuchtend: Beim Reisen dürfte der Koffer für die Medikamente nicht größer sein als der für das übrige Gepäck.

Vor der Haustür mit Blick auf die Rotbuche sagt Karl Eigen: „Ich habe drei Generationen auf dem Hof, man müßte einmal alles aufschreiben, aber als Roman, sonst liest es keiner."

„First Lady" beim Malen: Barbara Engholm im Atelier

Barbara Engholm wurde 1940 in Altona geboren. Während ihr Mann Politik machte, widmete sie sich der Malerei. Nachdem sie ihr Hobby zunächst vorwiegend im Verborgenen gepflegt hatte, trat sie ab 1984 stärker in die Öffentlichkeit und ist seither mit ihren abstrakten Bildern in Einzel- und Gruppenausstellungen vertreten.

Von Politik „total freigestellt“

33

Sie wollte Schauspielerin werden oder Malerin. Schon als Kind hat sie wertvolle Bücher ihres Vaters heimlich „coloriert“. Inzwischen ist das Malen mehr als ein Hobby geworden. Das Atelier über der Wohnung im zweiten Stock der Lübecker Altbau-Villa reicht nicht mehr aus, und die großen, abstrakten Bilder malt Barbara Engholm am liebsten auf dem Fußboden. Kaum ist eine Ausstellung beendet, laufen die Vorbereitungen für die nächste an.

Als ihr Mann noch nicht Regierungschef war, hatte sie weniger Ausstellungen, aber auf die Frage, ob es eine Frau Ministerpräsident in der Kulturszene leichter habe als die Trägerin eines weniger bekannten Namens, da sagt sie sehr schnell nein. Im Gegenteil, es sei eine Belastung und behindere eher die Entwicklung. Richtig sauer kann sie reagieren, wenn, wie es passiere, eine Ausstellung von 17 Künstlerinnen mit dem Hinweis angepriesen wird, auch die Frau des Ministerpräsidenten zeige ihre Arbeiten. Sie hat bereits daran gedacht, wieder ihren Mädchennamen anzunehmen, möchte sich dann aber doch nicht verstecken.

Ob sie von der Kunst schon leben könne? Nein, sagt Barbara Engholm, aber sie könne mit dem Verkaufserlös bereits Farbe, Leinwand und Pinsel bezahlen. Das sei neu, und ein schönes Gefühl.

In die Rolle „Künstlerin“ schlüpft Barbara Engholm am Nachmittag, wenn der Haushalt in Ordnung ist. Nicht selten malt sie bis in die frühen Morgenstunden. Barbara Engholm malt vorwiegend abstrakt, aber auf einem Bild für die Hamburger Ausstellung könnte man die schleswig-holsteinische Frauenministerin Gisela Böhrk erkennen, die eine Schar zappelnder Männer in einen großen schwarzen Sack steckt. Zunächst will Barbara Engholm nicht, daß dieses Bild erwähnt wird, dann aber sagt sie: „Warum eigentlich nicht.“

Ansonsten achtet sie sehr streng auf die Trennung zwischen ihrem Hobby und der Politik. Die beiden Schreibtische dokumentieren dies. Auf dem einen landet alles, was mit Kunst zu tun hat, auf dem anderen der Rest der Post, darunter viele Einladungen und Bitten. Alle Wünsche nach Schirmherrschaften über Wohltätigkeit stoßen jedoch auf Ablehnung. Barbara Engholm will keine First Lady sein. Wenn sie hilft, dann tut sie es unter Ausschluß der Öffentlichkeit. Von der Politik hat sie ihr Mann „total freigestellt“. Nur wenn es unvermeidlich ist, repräsentiert sie an seiner Seite. „Es reicht wirklich, wenn einer in der Familie der Politik verschrieben ist“, sagt sie und hält den eigenen Beitrag in Form einer stillen Mitgliedschaft in der SPD für ausreichend.

Diese Zurückhaltung bittet sie allerdings nicht mit fehlendem Engagement zu verwechseln. Von einer Reise mit Entwicklungshelfern nach Guatemala sei sie mit Erschütterung zurückgekehrt. Vor allem die Ausbeutung der Indios sei ihr unbekannt gewesen.

„Aufregen“ kann sie sich aber ebenfalls über das Treiben ihrer weiblichen Artgenossen. „Auch wenn Björn das nicht gerne hört: Ich bin gegen diese Frauenschiene und auch gegen die Quotenregelung.“ Die Frauen müßten sich selber durchsetzen, durch Qualität. Nützlicher als ein Frauenministerium sei inzwischen fast ein Ministerium für Männer. Es gebe doch wohl andere Probleme in der Welt als die Diskussion über weibliche Begriffe in der Gesetzessprache.

Ansichten wie diese machen Barbara Engholm bei den SPD-Frauenorganisationen nach eigener Erkenntnis nicht populär, doch das sei ihr egal. Sie bringe für die Politik schließlich Opfer genug. Das letzte und schlimmste war für sie die Barschel-Affäre. Darüber mag sie nicht einmal reden.

„Wir fühlen uns hier im Hause sehr sicher“, sagt sie und denkt dabei vielleicht an die von Uwe Barschels Medienreferenten Reiner Pfeiffer gedungenen Detektive, die im Februar 1987 am gegenüberliegenden Straßenrand auf der Lauer lagen. Im Stundenrhythmus fährt eine Polizeistreife vorbei, und da an diesem Tag ein Auto mit Lübecker Kennzeichen vor der Haustür parkt, erscheint ein Beamter und fragt, ob alles seine Ordnung habe.

Unten im Haus wohnt ein Rechtsanwalt, darüber ein ehemaliger Kultursenator, und was es bei den „Untermietern" zu Mittag gibt, kann man oben im Flur besonders gut riechen.

Nein, nach Kiel möchte sie nicht ziehen, sagt Barbara Engholm. In Lübeck habe man seine Freunde, hier werde sie bleiben. Höchstens Berlin, das wäre nicht schlecht. Aber dabei denkt sie eher an die Kunst als an die Politik.

Wo die Wurst wächst: Rötger Feldmann beim Frühstück

Rötger Feldmann, genannt „Brösel", Baujahr 1950, gelernter Lithograph, Erfinder der schon legendären Comic-Figur Werner. Nachdem sieben Bücher eine Millionen-Auflage erreichten, wurde auch der im November 1990 uraufgeführte Kino-Zeichentrickfilm „Werner beinhart" zum Kassenschlager. „Brösel" lebt an einem möglichst geheimgehaltenen Ort bei Kiel.

Frühstück bei Werner

37

„Ohne Bier geht hier nichts“, sagt Rötger Feldmann, indem er auf kürzestem Wege aus dem Bett kommend fünf Flaschen Bölkstoff auf den Küchentisch stellt. Dann fragt er, „wer ist da eigentlich“ und sucht seine Brille, was insofern schwierig ist, weil er ohne Brille nichts sieht. Seine Vermutungen gehen dahin, daß sie in der schwarzen Tasche ist, aber die hat er zuletzt in Berlin gesehen. Und „Hasi“ sagt aus der Küche „bin ich denn Dein Kindermädchen“, und „wenn Du nichts siehst, kriegst Du eben die gelbe Binde um den Arm“.

Als er die Ersatzbrille Marke Norbert Blüm Junior gefunden hat, rührt sich Rötger Feldmann zwei Aspirin ins Wasserglas und fragt: „Wo waren wir eigentlich gestern“, und nachdem aus dem Schlafzimmer zwei Schreie Originalton Tarzan zu hören waren, kommt auch das Bruderherz aus dem Bett. Obwohl „Mausi“ noch fehlt, beginnt daraufhin pünktlich um 12 Uhr das Frühstück.

Als „Hasi“ zwecks Sichtverbesserung die schweren Rolläden ein wenig hochzieht, ertönt sogleich der mehrstimmige Schmerzensschrei „kein Licht!“, und Rötger Feldmann holt voller Stolz das Modell einer Horex, die sein Bruder kunstvoll aus kleinen Metallstücken geschweißt hat.

Die schon ausgeteilten Teller muß „Hasi“ wieder abräumen, weil Rötger lieber von Brettern essen will. Das mache nämlich viel mehr Spaß. Auf das Brot schmiert er zunächst Kräuterkäse, darauf legt er Mettwurst und dann folgt kleingeschlagene Gurke.

Den „Maurer-geprüften“ Bölkstoff gießt er ins Schnapsglas und stößt vor jedem Schluck mit dem Bruder an. „Mach mal Motorrennen“, sagt der, worauf Rötger Feldmann die imaginäre Horex zwischen den Zähnen aufheulen und um die Schinkenbretter kurven läßt.

Auf die Frage, ob die Geschäfte laufen, antwortet er: „Wenn man das Bier trinkt, läuft es."

„Das ist mein Schwarzgeld", sagt er dann und zeigt auf die Wand, wo neben Humphrey Bogart ein ehemaliger Hunderter angeheftet ist, der in der Wäsche versehentlich schwarz gefärbt wurde, und ein Zwanziger, der zu einem Hemd gefaltet ist, hängt daneben: „Mein Kleidergeld", erläutert Rötger Feldmann das vermeintliche Kunstwerk und schneidet jetzt die Gurke der Länge nach auf, „wegen der Ästhetik".

Obwohl auf dem Tisch schon die Bierflaschen und die Liter-Tassen mit Kaffee stehen, holt er für jeden noch einen zerbeulten Aluminiumbecher. „Die sind aus Kalifornien", sagt er, und auf die Frage, warum er seine Gäste stets mit Eckart anredet, antwortet er, daß sei der Name vom Lehrherrn seines Bruders gewesen, und seither nenne er alle, die er nicht kenne, einfach Eckart.

Rötger Feldmann kommt gerade aus Kreta, wo er sich zwei Monate von den Arbeiten an seinem Film „Werner beinhart" erholt hat. Er habe dort ein Wasserflugzeug gebaut, mit Kufen, und zwischen Käse und dem Alpenveilchen mit dem Zettel „Herzlich willkommen" führt er mit den entsprechenden Geräuschen vor, wie ein Flugzeug startet und landet.

Auf die Frage, ob das mit dem Flugzeug ausnahmsweise stimme, antwortet er nur „Weiß ich, wo die Wurst gewachsen ist", und fragt man ihn nach seinem Alter, sagt er „ich studiere im 82. Semester Marodik und Zersetzungswissenschaft".

„Hasi" sorgt derweil nicht nur ganz lieb für Kaffee, sondern auch für Antworten, indem sie ein Video einschiebt, das Ausschnitte aus dem Werner-Film und auch Auskünfte vom geistigen Vater der Kultfigur enthält.

„Werner hört an den Augen auf, und hat daher kein Gehirn", verrät Rötger Feldmann über den Fernsehschirm. Manchmal falle ihm etwas in der Kneipe ein, dann mache er sich eine Skizze, sonst habe er es gleich vergessen, weil der Kopf ja so voll sei.

„Ich mag mich im Fernsehen gar nicht sehen“, sagt er dann im Originalton und will die Garage zeigen. Dort hat er gerade einen riesigen türkisblauen Cadillac, Baujahr 58, zerlegt, um die Heizung zu reparieren. Dieser Ausflug an die frische Luft hat die Stimmung beim Gastgeber so gehoben, daß er auf der berühmten Horex mit der Kerze als Lampe und dem Rückspiegel aus der Zahnarztpraxis vor dem gutbürgerlichen Bungalow eine knatternde Runde dreht.

Da der TÜV die Horex vor allem wegen der Kerze nicht zulassen will, fährt Rötger Feldmann bei längeren Entfernungen, etwa nach Kreta, einen schwarzen Saab, dessen Reserverad er gnadenlos auf die Kühlerhaube geschraubt hat.

„Wir haben heute Kopfschmerzen“, sagt er an der Haustür als Schlußwort, und gemeint sind offensichtlich neben Bruderherz und Hasi und Mausi vor allem auch Werner und Brösel.

Vom Kirchenschiff zum Traumschiff: Dietrich Fey

Dietrich Fey, geboren 1912 in Berlin. Er sorgte Anfang der 50er Jahre für weltweites Aufsehen, als nach einer Selbstanzeige seines Mitarbeiters Lothar Malskat bekannt wurde, daß die 1951 zur 700-Jahr-Feier der Lübecker Marienkirche vorgestellten frühgotischen Malereien gefälscht waren. Für diese „Arbeiten" erhielten Dietrich Fey 20 Monate und Malskat 18 Monate Gefängnis. Beide verbüßten davon je ein Jahr.

Falsche Schatten aus der Gotik

Die alte Gärtnerei des Lübecker Großindustriellen Possehl ist jetzt eine verwunschene Kunstwerkstatt, und Dietrich Fey sagt, wer ihn kenne, der wisse, daß die Geschichte, wie sie Günter Grass aufgeschrieben habe, gar nicht stimmen könne. Er habe zunächst auch daran gedacht, den Literaten zu verklagen, aber mit der Justiz so schlechte Erfahrungen gemacht, daß er auf rechtliche Schritte verzichten wolle. Dann öffnet er die Flasche Sekt mit der Begründung, daß Kaffeekochen zu umständlich sei, holt aus dem Nebenraum „Die Rättin" und liest von Seite 111 vor, was Günter Grass über den Skandal geschrieben hat:

„Während der schöne Fey den Pastorentöchtern sensibel bestückte Blumenkörbchen verehrte und junge Damen zu Bootsfahrten auf der Schlei einlud, hat Malskat außerdem im Domchor zu Schleswig ganze Arbeit geleistet. In die Fensterscheiben um den Hochaltar und in die Fluchten der Strebpfeiler malte er rasch 26 Köpfe, die er in Medaillons faßte, darunter ein Kopf, der ihn mit langer Nase, kühn geschwungenen Brauen und einer Zigarette hinterm Ohr abbildet, die, wenngleich gut versteckt, dennoch bezeugt, daß Malskat in jenen Jahren die Marke Juno (‚Aus gutem Grund ist Juno rund') bevorzugt hat."

Beim Aufstieg in den ersten Stock passiert Dietrich Fey wortlos die an der Wand befestigte Urkunde, auf der ihm Ministerpräsident Friedrich-Wilhelm Lübke im Namen des Landes Schleswig-Holstein für seine Verdienste um die Ausgestaltung der Lübecker Marienkirche dankt. Das angefügte Bild zeigt auch Konrad Adenauer, der 1951 zur 700-Jahr-Feier des berühmten Gotteshauses in die alte Hansestadt reiste, um zusammen mit Kunstexperten die frisch gefälschten gotischen Wandmalereien zu bewundern.

Dem Dankesschreiben folgte der Prozeß, und auch vier Jahrzehnte später hat Dietrich Fey seinen Groll gegen den inzwischen verstorbenen Mitarbeiter Malskat nicht überwunden. Malskat sei von Haß gegen ihn erfüllt gewesen, habe falsche Geschichten erzählt und sei außerdem ein schlechter Maler, sagte er. Zum Beweis trägt er zwei Malskat-Bilder herbei, die ihm ein Kunde gerade zum Rahmen gebracht hat, und wenn es nicht ein so wichtiger Auftraggeber wäre, hätte er die Bitte auch abgelehnt. Das eine Bild zeigt Blumen, das andere eine Frauengestalt, und während Dietrich Fey die Arbeiten betrachtet, sagt er noch einmal „wirklich scheußlich", und fügt hinzu: „Wenn sich schon die Ehefrau erschießt, dann kann man erkennen, was für ein Kerl Malskat gewesen ist."

Unversöhnt ist Dietrich Fey aber nicht nur mit seinem ehemaligen freien Mit-Maler, sondern auch mit dem damaligen Auftraggeber Kirche. Der Austritt sei ihm sehr schwergefallen, denn er stamme aus einem frommen Hause, in dem zu Tisch gebetet worden sei, aber er könne einfach nicht in einer Gemeinschaft bleiben, die ihn so enttäuscht habe. Der Lübecker Kirchenleitung sei bekannt gewesen, in welcher Form in St. Marien restauriert werde, und hinterher habe es selbst der Bischof nicht geschafft, zu seinem eigenen Wort zu stehen.

„In der kalten Kirche habe ich mir außerdem Rheuma geholt", sagt Dietrich Fey beim zweiten Glas Sekt. Jetzt sitze er in seiner warmen Werkstatt, und Kunden habe er genug. Natürlich nehme er Aufträge von der Kirche grundsätzlich nicht mehr an, und seit der Affäre mit Malskat beschäftige er grundsätzlich nur noch weibliche Mitarbeiter.

Wie viele Bilder er besitzt oder zur Reparatur in Auftrag genommen hat, weiß Dietrich Fey nach eigenen Angaben nicht, und im Augenblick ist für Kunst ohnehin keine Zeit, denn das Unternehmen Fey stattet das Traumschiff „Berlin" mit imitierten Säulen und anderem bunten Schmuckwerk aus.

Ginge es nach der Wissenschaft, sagt Dietrich Fey, dann müßte der Restaurator nur konservieren, was er vorfinde. Wem der Besenstiel ins Bild falle, der aber wolle eine Reparatur des Schadens. Nichts anderes habe er auch im Chor von Lübecks St. Marien gemacht, und wenn Günter Grass bei seinen Recherchen für „Die Rättin“ nicht nur mit Malskat gesprochen hätte, sondern auch mit ihm, Dietrich Fey, dann wäre endlich Wahrheit in die Geschichte gebracht worden.

Er erinnere sich noch an den letzten Besuch Thomas Manns in Travemünde, und es sei sehr angenehm, hier in Strandnähe zu wohnen, sagt Dietrich Fey. Im Sommer gebe es hier ein gewisses weltstädtisches Flair, und im Winter sei der Ort verträumt. Dazu seien die Menschen alle furchtbar nett. Das gilt auch für Dietrich Fey selbst, und wie er da etwas linkisch neben dem hölzernen Mohren aus Venedig steht, kann man sich wirklich nicht vorstellen, daß er einmal als Fälscher für weltweite Schlagzeilen gesorgt hat oder in Schleswig Pastorentöchtern nachgeeilt ist. Aber als würde er den Gedanken erahnen, sagt er: „Natürlich hatte ich meine Freundinnen, das war aber doch mein gutes Recht.“

Günther Fielmann: Herr und Hund

Günther Fielmann, geboren 1939 als Sohn eines Lehrers in Stafstedt bei Rendsburg. Augenoptikerlehre in Hamburg. Optikermeister in Berlin. Lehrjahre bei dem zweitgrößten Optik-Konzern in den USA. 1972 Sprung in die Selbständigkeit mit einem ersten Fachgeschäft in Cuxhaven. Heute ist er Oberhaupt von 2600 Mitarbeitern in 200 Filialen und gilt als größter Optiker in Europa.

„Es gibt hier sogar noch einen Eisvogel", sagt Günther Fielmann, und vier Reiher seien regelmäßige Gäste in seinem Garten. Er spreche auch gerne mit den Pflanzen, und das bekomme ihnen gut. Sogar die wenig bekannte Wildaster kann er mit ihrem lateinischen Namen anreden, und obwohl sein Gartenarchitekt ihm prophezeit hatte, daß die Azaleen keinen Winter überleben würden, wachsen sie jetzt schon zehn Jahre.

Den Wildbach hat Günther Fielmann vor allem deshalb angelegt, um den Straßenlärm durch ein natürliches Geräusch zu übertönen, und die vermeintlich großen Goldfische in dem angrenzenden Teich sind in Wirklichkeit japanische Karpfen, die 100 Jahre alt werden. Wenn man den künstlichen Bach über die Steinbrücke passiert hat, öffnet sich der Bambuswald, der von hundert oder mehr Rhododendron-Büschen abgelöst wird, und Günther Fielmann erklärt, daß das Haus auf einer Endmoräne steht.

Eine Seite des Reetdaches ist bis auf den Boden gezogen, und die handgeformten Ziegel der Außenwände stammen aus einem alten Kloster. Vom Terrassenberg zeigt Günther Fielmann über sein botanisches Reich in die Ferne, wo der 80 Hektar große Hof liegt, auf dem er ökologischen Landbau betreibt. Eigentlich müßte er auf diesem Feldherrenhügel das Fernglas ansetzen, um Besitz nebst Untertanen zu inspizieren, aber statt dessen nimmt Günther Fielmann die eher unscheinbare Brille mit dem braunen Horngestell ab, als wollte er prüfen, ob das idyllische Panorama vielleicht nur ein Traum sei.

„Die Brille ist ein Ausdruck von Persönlichkeit", sagt er, und wie jeder Schuster bei einem Gesprächspartner zunächst auf die Qualität der Schuhe achte, so beurteile er sein Gegenüber nach der Brille, mit deren Hilfe man mühelos die Persönlichkeit verändern oder unterstreichen könne. Norbert Blüm zum Beispiel dokumentiere mit seiner Wahl Konsumverzicht, wolle ein wenig links und intellektuell wirken; Helmut Kohl dagegen versuche, Stabilität und Kraft zu vermitteln. Auch Gorbatschow trage eine deutsche Brille, aber leider keine von Fielmann, und damit hat er auch keine Charakterisierung verdient.

„Die Brille sollte ein Kennzeichen von Zivilisation sein, und jeder Mensch müßte daher eine tragen", sagt Günther Fielmann, und wer noch völlig gesunde Augen habe, sollte Fenstergläser benutzen, bis er geschliffene Gläser brauche. Da der zivilisierte Mann mehrere Krawatten besitze, müßte er auch mehrere Brillen haben, und es sei die Philosophie seines Unternehmens, daß alle Mitarbeiter modische Brillenträger seien.

Als die Hausdame den selbstgebackenen Pflaumenkuchen auf die aus dem Glasdach beheizte Terrasse bringt, trägt sie keine Brille, und auch die beiden belgischen Schäferhunde toben ohne Augengläser durch den Garten, was dazu führt, daß „Aki" eine Wespe verschluckt.

Früher, und damit ist bei Günther Fielmann stets die Vor-Fielmann-Zeit gemeint, da sei Brille so etwas wie Bruchband oder Holzbein gewesen. Er habe erst dafür gesorgt, daß der Kassenpatient „den Nachweis für seine Bedürftigkeit nicht mehr auf der Nase trägt".

Ob es nicht langweilig werde, immer nur über Brillen zu reden? „Nein, niemals", sagt Günther Fielmann, „es schafft mir Lust, Probleme zu bewältigen." Er habe ein „glückliches Schicksal", sein Unternehmen sei eine große Familie, und für jeden Mitarbeiter pflanzt er im Jahr einen Baum, inzwischen dürften es rund 60 000 Stück sein. „Oder schreiben Sie etwas weniger, weil die Konkurrenz bestimmt nachzählt, und vielleicht fehlen einige."

Einmal angenommen, er bekomme Brillen-Verbot und müßte sofort etwas anderes produzieren? Einen Augenblick wirkt Günther Fielmann erschrocken wie ein Kind, dem man das Lieblingsspielzeug entreißen will, dann nimmt er wieder die Brille ab und läßt vor der gültigen Antwort am Nachdenkprozeß teilhaben: „Ich kann nur etwas Sinnvolles tun, meinen moralischen Überbau muß ich haben. Ich bin jemand, der vorwärtsstürmt, der verändern will. Eine Tätigkeit in der Politik könnte ich mir vorstellen. Aber nein, ich würde giftfreie Nahrung verkaufen."

Die Pressemappe des Unternehmens zeigt Günther Fielmann offensichtlich glücklich inmitten seiner möglicherweise auch glücklichen Kühe. Mit Lederweste steht er als Alternativer vor dem Wirtschaftsgebäude. Doch das lebende wie das tote agrarische Inventar wirkt nur wie ein Bühnenbild für den Hauptdarsteller mit Brille.

„Ich bin für meine Konkurrenten die Inkarnation des Bösen", sagt er. „Er versaut uns die Preise, wie schön könnten wir ohne ihn verdienen", läßt er seine Mitspieler klagen und gibt zu, daß es ihm Freude bereite, sich mit seinen Geschäftsgegnern juristisch herumzuschlagen.

Als die Wespen über den Pflaumenkuchen herfallen, bringt Günther Fielmann die Überreste ins Haus, und die Hausherrin Heike trägt vielleicht keine Brille, weil sie im „Stern" erstaunlich zutreffend als Geschöpf des genialen Botticelli gerühmt worden ist.

Neben dem privaten Paradies im holsteinischen Lütjensee kennt Günther Fielmann noch ein zweites, und das liegt im neuen deutschen Osten. Die alte DDR biete eine „paradiesische Situation" für Augenoptiker. „Wir werden dort bombig verdienen", verspricht er und verrät zusätzlich, daß er im alten Zeiss-Werk Rathenow zu Hongkong-Preisen eine Million Brillengestelle bestellt habe.

Nach der Wende sei von den Augenoptikern in der DDR „fürchterlich verdient" worden: Einkauf 18 Mark pro Brille im Westen, Verkauf für 190 Mark an die Ost-Kunden.

Da Günther Fielmann weiß, daß jede Geschichte ein

gutes Ende haben muß, ist die Garagentür trotz des Regens nicht geschlossen, und wer den großen schwarzen Ferrari-Testarossa mit dem kleinen Bruder übersieht, der muß einfach die falsche Brille tragen. Damit niemand auf die Idee komme, Günther Fielmann leiste sich einen unüberlegten Luxus, erklärt er sogleich augenzwinkernd, daß er nur deshalb Ferrari fahre, weil er keine Lust habe, durch Autofahren Geld zu verlieren. Drei Jahre nach dem Kauf sei der Testarossa nämlich um 130 000 Mark im Wert gestiegen.

Die 400 000 Mark für die Erstanschaffung hat ohnehin die Krankenkasse über die preisgünstige Fielmann-Brille finanziert.

Günter Flessner, wieder ganz Landwirt

Günter Flessner, Jahrgang 1930. Er war zunächst selbständiger Landwirt. 1955 bis 1959 Vorsitzender der Landjugend, 1968 bis 1975 Präsident der Landwirtschaftskammer. 1975 wurde er als Nachfolger von Ernst Engelbrecht-Greve Landwirtschaftsminister. Nach dem Wahlsieg der SPD im Frühjahr 1988 zog er sich aus der Politik zurück und übernahm wieder seinen Hof in Himbeersahl bei Dersau.

Zurück zur Natur

50

Auch als er noch Minister war, hat Günter Flessner nie gewartet, bis der Besucher um Einlaß klopfte, und wer sich beim Aussteigen nicht beeilte, dem öffnete er auch noch die Autotür. „Ich bin jetzt wieder mein eigener Knecht“, sagt er, und auf die Frage, ob ihm der Rückzug aus der Politik schwergefallen sei, da lacht er nur und sagt: „Im Gegenteil.“

Sieben Kilo habe er einfach dadurch abgenommen, daß er sich jetzt mehr bewegen müsse. Früher, im endgültig abgeschlossenen politischen Leben, da kam der Fahrer um acht Uhr, um ihn nach Kiel zu bringen. Für den Ruheständler ist es nun mit dieser Gemütlichkeit am Morgen vorbei, denn um sechs Uhr muß er zum Melken.

Den 55 Hektar großen Hof hat Günter Flessner noch immer an seine Frau verpachtet, weil ein Minister keinen Nebenerwerb betreiben darf, und da der jüngere Sohn ohnehin bald die Nachfolge antreten soll, ist es auch nach Flessners Ausscheiden aus dem Landeskabinett bei der alten vertraglichen Regelung geblieben.

Die besten Jahre seines Lebens hat Günter Flessner in politischer oder ähnlicher Funktion verbracht, und ist zu der Erkenntnis gelangt: „Man soll seine Freunde nicht gerade in der Politik suchen“, das könne zu großen Enttäuschungen führen. Wenn er persönlich seelisch einigermaßen unbeschadet davongekommen ist, führt Flessner dies darauf zurück, daß er wirtschaftlich unabhängig war und auch stets Distanz zu seiner politischen Tätigkeit gehalten hat. „Abends muß man nach Hause fahren und möglichst viel vergessen“, sagt er, und wer sich bis 70 in der Politik abquäle, der tue ihm wirklich leid.

Den Kuhstall und die Schweineställe hat Günter Flessner mit seinen beiden Söhnen selber ausgebaut, und die meisten der zwei Dutzend Kühe sind von der braunen Anglerrasse, weil deren Milch fetter ist. Diese Entscheidung hängt wiederum mit der Milchquote zusammen, die erst vorläufig erteilt worden ist, weil die Milcherzeugung auf dem Hof Himbeersahl 1979 aus Personalmangel eingestellt worden war.

Die 600 Schweine werden vorwiegend mit aufgelösten Brotabfällen gefüttert, die aus Berlin kommen. Das geht halbautomatisch über Computer, und lange Rohre führen die flüssige Nahrung zu den Boxen. In 139 Tagen wird auf diesem Wege aus einem mageren 26-Kilo-Schwein ein fettes von 110 Kilogramm Gewicht. Nein, er habe eigentlich kein Hobby, sagt Günter Flessner. Die im Regal stehenden Kunstbände werden von seiner malenden Frau studiert, und ihm selbst genügt der weite Blick durch die großen Fenster des Wohnzimmers über den eigenen Besitz.

Daß sein Landesvorsitzender Ottfried Hennig den Umweltminister Professor Berndt Heydemann als „Flasche" bezeichnet, hält Günter Flessner nicht für gut, treffender wäre es gewesen, ihn Chaoten zu nennen. Wissen und Eloquenz reichten für ein Ministeramt nicht aus, es müsse auch die Fähigkeit zur Entscheidung und zum Kompromiß hinzukommen. Professor Heydemann habe die Umweltpolitik im Lande nicht vorangebracht, sagt er, und wenn Günter Flessner ein derart deutliches Urteil fällt, muß er sich vorher sehr geärgert haben.

Über den Zustand der eigenen Partei möchte er sich nicht äußern, statt dessen blickt er mit Zufriedenheit über den gepflegten Hausgarten, und als sein Blick in das Wohnzimmer mit den von seiner Frau gemalten Bildern zurückgekehrt ist, sagt er plötzlich: „Wenn mich in letzter Zeit jemand beeindruckt hat, dann ist das Helmut Kohl. Der hat wirklich die Welt verändert, und er kann nicht nur mit Mitterrand, sondern auch mit dieser Tante Thatcher umgehen."

Daraufhin fällt ihm doch noch so etwas wie ein Hobby ein. Im nächsten Jahr werde er von Josef Ertl die Präsidentschaft in der Deutschen Landwirtschaftsgesellschaft übernehmen, die große agrarische Ausstellungen organisiert.

Als ein Tiefflieger über das Haus jagt, sagt Flessner nur: „Stoltenberg“, und erzählt, daß Björn Engholm ihm versichert habe, auch er werde mit 58 Jahren in den Ruhestand gehen.

Für den eigenen zweiten Ruhestand hat sich das Ehepaar Flessner schon ein Haus im nahen Dersau gebaut, aber solange es geht, will Günter Flessner auf dem Hof mitarbeiten. „Ich bin recht zufrieden mit meinem Los“, versichert er noch einmal und erinnert daran, daß er bei seinem Ausscheiden aus dem Kabinett dienstältester deutscher Landwirtschaftsminister war.

Er habe nie Langeweile oder gar Leerlauf, und durch die vorgesehene Tätigkeit an der Spitze der Landwirtschaftsgesellschaft bleibe er auch „im Film drin“.

Auch als er noch Minister war, brachte Günter Flessner seine Gäste stets bis zum Auto, und sogar die beiden Hunde sind so gut erzogen, daß sie erst anfangen zu bellen, wenn der Besucher schon vom Hof fährt.

Liebt Musik und schnelle Autos: Justus Frantz

Justus Frantz wurde 1944 in Hohensalza geboren. Nach dem Musikstudium in Hamburg folgten ab 1969 internationale Verpflichtungen als Pianist. 1975 entdeckte Leonard Bernstein sein Talent, und diese Verbindung trug elf Jahre später mit dazu bei, daß das „Schleswig-Holstein Musik Festival“ gegründet werden konnte. Neben seiner Tätigkeit als Intendant der Festwochen betätigt sich Frantz als Solist. Er hat außerdem eine Professur an der Hamburger Musikhochschule.

„Früher war ich ein Hasardeur"

54

Als er aus dem Mittags erwacht, fragt Justus Frantz zuerst nach den Noten und dann nach der Brille. Die Assistentin bringt auch eine Sportsalbe und reibt sie auf die Pianistenhände. „Ich habe mit meinem Sohn Fingerhakeln gemacht und Schaden genommen", sagt Justus Frantz und spielt auf dem Flügel in der kahlen Garderobe im Kieler Schloß Chopins Phantasie „Impromptu" in cis-Moll. Es ist die Zugabe für das abendliche Konzert mit den Moskauer Philharmonikern.

Nach dem letzten Ton nimmt er den Papierkorb aus dem aufgeklappten Fenster, und als sich der schwere Metallrahmen dicht neben den ohnehin lädierten Pianistenfingern schließt, sagte Justus Frantz: „Ich mache alles, was nicht erlaubt ist, sonst kann man das Leben doch nicht ertragen."

Draußen im Audi wartet die Chauffeurin Stefanie Voss und verkündet, daß die Strecke nach Plön frei sei. Während Justus Frantz sich ordnungsgemäß auf dem Rücksitz festschnallt gesteht er, daß er ein Back-Seat-Driver sei, jemand, der immer mitfahre, und mit einer amerikanischen Freundin habe er sich erzürnt, weil sie so schlecht gefahren sei. Zwei Jahre habe er außerdem gebraucht, ehe er nach seinem schweren Unfall im Wagen wieder schlafen konnte.

An den Vordersitzen vorbei blickt Justus Frantz auf den Tacho, und als Dirigent müßte er das Tempo herunternehmen. Als Passagier schaut er nur geradeaus und wundert sich nicht einmal, daß der Überholvorgang aus der Kolonne heraus wider Erwarten doch gelingt.

Das sei wirklich eine Qual, sagt er und meint die Entscheidung, mit welchem klassischen Komponisten er ein Gespräch führen möchte. Das Pendel schwankt zwischen Mozart und Beethoven und letzterer gewinnt: „Er ist für mich in der Musik das Neue Testament", begründet Justus Frantz sein Votum. Beethoven sei ein Mensch mit allen Problemen, die ein Mensch habe, Mozart dagegen sei ein Engel, dem man sich nicht nähern könne. Im gleichen Augenblick bemüht sich Stefanie beim Überholen gerade wieder um ein himmliches Rendezvous.

Ob man Musik und Literatur bei einem Festival vereinigen könne? Justus Frantz ist skeptisch. Der Zuhörer wolle entweder Musik oder Literatur, aber nicht beides. „Mit Musik kann man dem Menschen auch kompliziertere Zusammenhänge zumuten als in der Literatur." Trotzdem will er versuchen, die Royal Shakespeare Company für das Schleswig-Holstein-Festival zu engagieren. Bisher sei dieser Plan an einem passenden Theaterraum gescheitert.

Vom Rücksitz sieht Justus Frantz, daß Sohn Christopher neben Stefanie eingeschlafen ist. „Schlaf ruhig weiter", sagt er und legt ihm die Hand auf die Schulter. Gestern abend sei es beim Brahms-Konzert spät geworden, aber es tue ihm sehr gut, mit dem Sohn gemeinsam aufzutreten.

Mit dem Verlauf des Festivals sei er wirklich sehr zufrieden, sagt er, lediglich die geringen Besucherzahlen in den Großhallen machen ihm Sorgen. „Wir können das Festival nur durchstehen, wenn diese Hallen akzeptiert werden. Die musikalische Demokratie ist nur mit den Großhallen möglich."

Auf die Frage, wen er bisher trotz heftigen Werbens nicht für sein Festival verpflichten konnte, nennt er Placido Domingo, aber er sei sicher, daß er ihn auch noch für Schleswig-Holstein gewinnen werde.

Anschließend scheitert auch der zweiten Versuch, die Hemdmanschetten zuzuknöpfen, an Stefanies rasanten Überholmanövern.

Wie er sich auf seine Auftritte vorbereite? „Vor dem Konzert esse ich immer etwas, weil ich Probleme mit dem Blutzucker habe, und wenn man aufgeregt ist, braucht der Körper viel Zucker." Ob er wirklich noch jedesmal Lampenfieber verspüre? „Nur dann, wenn ich nicht richtig vorbereitet bin“, sagt Justus Frantz. Das passiere in New York seltener als in Buxtehude. „Früher war ich ein Hasardeur, jetzt bereite ich mich immer vor.“

Er fühle sich auch besser als früher, weil er möglichst jeden Tag vier Kilometer jogge. Und ob er beim fünften Festival immer noch so begeistert sei wie beim ersten? Ja, es mache Riesenspaß, auch wenn es unnötige Reibereien gebe. Aber den Namen Engholm nennt er nicht.

„Wir müssen das Festival noch professioneller gestalten“, sagt Justus Frantz, während Stefanie zum Endspurt auf Plön ansetzt. Das Festival könne zur Werbung für ganz Norddeutschland genutzt werden, und es müßten vor allem noch mehr Besucher aus dem Ausland kommen. Etwa 30 Prozent der Gesamtbesucher sollten es sein, denn dieser Anteil am heimischen Publikum werde wegfallen, weil die Festivalgäste schließlich auch einmal Urlaub machen wollten.

„Ich weiß gar nicht, ob ich ordentlich angezogen bin“, sagt Justus Frantz, und eigentlich gehörten in die Kragenecken ja kleine Stäbchen, aber die seien nicht mehr vorhanden. Dann blickt er auf die Uhr und wirkt zufrieden. „Delegieren ist gut, aber der Chef muß bereit sein, alles auch wieder selber zu machen.“

Beim Abschlußfoto vor dem Plöner Schloß erinnert sich Justus Frantz an einen guten Rat seines Freundes Helmut Schmidt: Laß immer nur ein Bild machen, die Zeitung wählt doch immer das schlechteste aus.

Aber natürlich hält er sich nicht an die Empfehlung.

Arved Fuchs: heimische Idylle ohne Eis

Arved Fuchs, Jahrgang 1953, ist von Beruf Abenteurer. Er absolvierte zunächst eine seemännische Ausbildung, doch die Tätigkeit bei der Handelsmarine wurde ihm schnell zu langweilig. Ab 1977 unternahm er Expeditionen. Im Winter 1989 sorgte er für Schlagzeilen, als er zusammen mit Reinhold Messner zu Fuß den Südpol erreichte. Im gleichen Jahr war Arved Fuchs bereits zum Nordpol marschiert.

„Schneckenhaus“ im Schlepp

58

Kein Rudel Schlittenhunde streicht um das Einfamilienhaus am Kurpark von Bad Bramstedt, auch die weißen Flächen auf dem Rasen sind keine Gletscherreste, sondern die zum Trocknen ausgelegten Bettücher. Kein Eisbär oder gar Reinhold Messner öffnet die Haustür, und man erkennt sofort, daß Arved Fuchs wirklich ein „ganz Netter“ ist.

Er hat Kaffee gekocht und trägt Turnschuhe. Aber das Laufen hat der Arzt ihm verboten, damit sich die überanstrengten Gelenke erst einmal wieder erholen.

„Wir waren Schnecken, die ihr Haus hinterherzogen“, sagt Arved Fuchs und gemeint sind die Schlitten, die er und Messner 92 Tage und 2800 Kilometer lang durch die Antarktis gezogen haben.

„Polarreisen ist ein Handwerk, das man erlernen muß“, erläutert Arved Fuchs. Und diese Lehre hat er bei den Eskimos in Kanada absolviert. „Ich bin ein sehr vorsichtiger Mensch und gehe jeder Gefahr aus dem Wege.“

Als Beruf gibt Arved Fuchs Abenteurer an, und zunächst hatten seine Bad Bramstedter Mitbürger diese Beschäftigung eher als unseriös angesehen. Doch nach der triumphalen Rückkehr aus der Antarktis schenkte ihm die Stadt ein Fahrrad und gab einen Empfang, der mit der Verleihung des silbernen Ehrenblattes einen zusätzlichen Höhepunkt erhielt.

Vom Fall der Mauer erfuhr die Zwei-Mann-Expedition in der Forschungsstation am Südpol, und Arved Fuchs erinnert sich genau, was er in diesem Augenblick dachte: „Na gut, so ist es.“ Das ganze Ausmaß dieses Ereignisses sei ihm erst klar geworden, als kurz nach der Rückkehr jemand aus Rostock anrief und zur Talk-Show ins DDR-Fernsehen einlud.

Er habe schon von Kindheit an Freude an der Natur gehabt, und deshalb sei er auch zunächst zur See gefahren, zuletzt als technischer Offiziersassistent. Aber die Aufenthalte in den Häfen seien immer kürzer geworden und ein Alptraum sei die Vorstellung gewesen, irgendwann als Ingenieur an einem Schreibtisch sitzen zu müssen.

Von der Decke hängt ein Papagei aus Stoff, und am Eingang steht ein langes Blasrohr mit vergifteten Pfeilen aus Borneo. Früher habe er von seinen Reisen mehr mitgebracht, jetzt kaum noch etwas, sagt Arved Fuchs, und holt einen von Eis und Wind zerfressenen Stein, der noch vor wenigen Wochen am Südpol lag. Die Geschichte in Meran, als er mit Messner im offenen Wagen durch die Stadt gefahren wurde, habe ihm nicht gefallen. Aber auf die Frage, ob der Mitreisende in natura wirklich wie ein Yeti aussehe, lacht er nur.

Messner sei ein Mann aus dem vertikalen, er dagegen mehr aus dem horizontalen Bereich. Mit Bergen habe er nicht viel im Sinn, das sei ihm zu gefährlich und außerdem dürfe man sich auch im Beruf des Abenteurers nicht verzetteln, weil man dann auf keinem Gebiet gut sei.

Arved Fuchs will sich auch weiterhin auf die Bereiche Pole und Meer konzentrieren, und zwar mit Schwerpunkt Historie. Als er 1983 Grönland mit dem Hundeschlitten durchquerte, tat er dies auf den Spuren des 1930 verschollenen Alfred Wegener, und für die Winterumrundung von Kap Hoorn im Paddelboot nahm er die inzwischen vertriebenen Feuerlandindianer zum Vorbild.

„Kälte kann sehr unangenehm sein", sagt Arved Fuchs und meint den Nordpol, den er im Frühjahr 1989 bei minus 52 Grad besucht hat. In einer halben Minute sei bei diesen Temperaturen Fleisch gefroren, da müsse man sehr aufpassen, aber sowohl seine Nase als auch die Fingerspitzen haben sich wieder erholt. Am Südpol sei es außerdem wärmer gewesen.

Dort kann sich Arved Fuchs auch einen sehr sanften Tourismus vorstellen. Wichtig aber sei, daß dieses Gebiet in seinem jetzigen Zustand erhalten bleiben müsse, möglichst in Form eines Weltnaturparks unter Aufsicht der Vereinten Nationen.

Hinter dem Stoffpapagei hängt ein Seebild mit einem Kutter unter roten Segeln. Das dazugehörende Ruderhaus steht als Laube im Vorgarten, und das Boot befindet sich auf der Wewelsflether Werft, wo Arved Fuchs es mit Freunden renoviert. Nach gründlicher Stabilisierung soll der Oldtimer vom Jahrgang 1931 eine internationale Mannschaft, darunter Amerikaner und Polen, ins russische Polarmeer fahren. Durch die berüchtigte Nord-Ost-Passage, und dieses Abenteuer ist auf mehrere Jahre angelegt.

„Ich bin kein Aussteiger", sagt Arved Fuchs, und er möchte auch künftig am Kurpark von Bad Bramstedt wohnen. Die Popularität sei so groß, daß er von seinen Einnahmen als freischaffender Abenteurer sogar leben kann. Ein neues Buch ist im Kopf auch schon fertig, und vor Vortragswünschen kann er sich kaum retten.

Dennoch ist Zeit für eine „spektakuläre Aktion" eingeplant, mit der Arved Fuchs auf die „unglaubliche Belastung der Nordsee" aufmerksam machen will. Er hat schon viel über das Thema gesprochen, aber die Erfahrung gemacht: „Mit Politikern zu reden bringt nichts."

„Ich liebe die Kontraste", sagt Arved Fuchs, und auf abenteuerlichen Expeditionen empfindet er sich wie ein Künstler, der ein schönes Bild malt.

Günter Gaus in der privaten Nische

Günter Gaus, Journalist, geboren 1929 in Braunschweig. Studium der Geschichte und Germanistik. War von 1974 bis 1981 der erste Leiter der Ständigen Vertretung der Bundesrepublik Deutschland bei der DDR und Staatssekretär im Bundeskanzleramt. Zuvor war er Programmdirektor des Südwestfunks und Chefredakteur des „Spiegel“. Er verfaßte außerdem mehrere Bücher.

Ausbruch aus der Nische

62

Zunächst erzählt Günter Gaus die Geschichte von der Postkarte an Willy Brandt. Als er schon Staatssekretär im Kanzleramt gewesen sei, habe er mit seinem früheren Arbeitgeber Rudolf Augstein einen Marsch durch den Sachsenwald gemacht. Der Spiegel-Herausgeber Fontane rezitierend und beide Wanderer blumenpflückend. Die Sträuße habe man im Mausoleum zu Friedrichsruh an den Särgen von Vater und Sohn Bismarck niedergelegt, am örtlichen Kiosk anschließend eine Karte mit Porträt des Reichsgründers gekauft und selbige mit lokkerem Text an den Kanzler Brandt geschickt.

Dort kam die Post nie an, und Gaus vermutet, daß sie von einem Souvenirjäger abgefangen wurde. Vielleicht vom später auch durch andere Sammelleidenschaften bekanntgewordenen persönlichen Referenten Guillaume?

Günter Gaus erzählt auch noch die Geschichte, wie er beinahe einen echten oberbayerischen Berghof bei Miesbach gekauft hätte.

Das Gästezimmer ist schon voller Bücher, und 30 Kisten aus der 1981 beendeten Ostberliner Zeit als Leiter der Ständigen Vertretung sind noch nicht einmal ausgepackt. Seinen gesamten Buchbestand schätzt er auf 4500 Exemplare.

Er habe sich immer leisten können, das zu tun, wozu er Lust gehabt habe, und wenn er aus dem Fenster seines Reinbeker Hauses über die Gartenanlagen blickt, dann kann er es mit berechtigtem Wohlgefallen tun.

Mit Günter Gaus nicht über Bücher von Günter Gaus zu sprechen, würde er wahrscheinlich als Unhöflichkeit einstufen, ohne es sich allerdings anmerken zu lassen. Er kann schließlich auch tausend andere Geschichten erzählen, die noch nicht in Büchern stehen, zum Beispiel die, wie er mit einem Mitglied der Familie Bismarck ausgeritten sei und wie der Mitreiter erzählt habe. . ., aber diese Geschichte darf nicht berichtet werden, denn schließlich war Günter Gaus Diplomat und weiß, was Diskretion bedeutet.

Ja, er habe sich in einigen Punkten seiner DDR-Analyse geirrt, sagt Günter Gaus und erläutert anschließend, daß er in den wesentlichen Punkten doch recht gehabt habe. Etwa bei der durch ihn berühmt gewordenen Nischen-Theorie. Er bleibe dabei, die Mehrheit der DDR-Bürger habe sich wirklich in private Nischen zurückgezogen. Und dazu zählt er den Schrebergarten ebenso wie den frischgeputzten Trabi und die Datscha. Dort habe es auch keinen nennenswerten Druck durch den Staatssicherheitsdienst gegeben, und wenn heute das Gegenteil behauptet werde, dann zur Rettung der Selbsterhaltung, damit die Frage nach dem fehlenden Widerstand nicht so quälend ausfalle. Verfolgungen habe nur hinnehmen müssen, wer seinen Kopf aus der Nische gesteckt habe, und das sei immer eine Minderheit gewesen. Die Mehrheit der Nischenbewohner Ost sei nun auf dem direkten Marsch in die besser ausgestatteten Nischen West.

Günter Gaus sammelt Miniaturen aus Silber, und auch kleine Bilder, die aus geschnittenen bunten Steinen bestehen und wie richtige Landschaftsgemälde wirken. Bei der Bürgerbefragung über Ausbau oder Nichtausbau der vor dem Haus vorbeiführenden Schotterstraße ist er für eine Befestigung eingetreten und vermutet, daß die Gegner vor allem deshalb protestieren, weil die Sache so teuer werden kann.

Nein, er gebe ehrlich zu, eine Revolution wie sie in der DDR stattgefunden hat, habe er den Ostdeutschen nicht zugetraut, und er habe auch nicht geahnt, wie groß die Korruption in der Führungsspitze gewesen sei. Von der Behauptung, daß die DDR der Staat der Kleinbürger sei, will er dagegen nichts zurücknehmen, und er legt auch an dieser Stelle wieder Wert darauf, daß eine derartige Aussage bitte nicht als Überheblichkeit angesehen werden dürfe. Dann verrät Günter Gaus: „In großen Zeiten wird immer grobschlächtig argumentiert und erst wenn sich der Staub gelegt hat, beginnt man wieder zu differenzieren." Und obwohl er von Natur aus kein Pessimist sei, fürchte er doch, daß „der Keim für eine neue langanhaltende seelische Frustration" in der DDR schon wieder gelegt sei.

In den acht aufregenden Jahren als Leiter der Ostberliner Vertretung habe er 17 Verträge abgeschlossen, von denen keiner „notleidend" geworden sei, fügt er mit verhaltenem Stolz hinzu, und dann erzählt er noch die Geschichte von dem Globus in Erich Honeckers Ostberliner Arbeitszimmer. Aber diese Geschichte darf hier nicht veröffentlicht werden, weil Günter Gaus sie für sich selbst reserviert hat.

Nikita Gsovsky, grazil

Nikita Gsovsky, geboren 1941 in Kaiserslautern, aufgewachsen in Frankreich, Solotänzer an deutschen und internationalen Bühnen. Er gilt als einer der letzten Vertreter des klassischen russischen Balletts. Nach dem Ende seiner Karriere als Tänzer gründete Nikita Gsovsky in Kellinghusen ein Ballett-Internat und zog 1986 in das berüchtigte Schloß Salzau. Dort wurde er zu einem Lieblingskind der Regierung Barschel. Mit dem Fall des Ministerpräsidenten sank auch Nikita Gsovskys Stern. Die neue Regierung strich die Fördermittel, und Nikita Gsovsky mußte die Ballettschuhe endgültig an den Nagel hängen.

66

Und auf der Ofenbank schnurrt „Mercedes“ . . .

Nikita Gsovsky sagt, er pflege derzeit seine Seele und suche nach seiner verlorengegangenen Ehre. Er geht dieser Doppeltätigkeit in einer Gegend nach, wo sich gerade in der dunklen Jahreszeit die Füchse gute Nacht sagen: In einer Kate bei St. Peter, und der Gegensatz zu seinem vorangegangenen Wohnsitz auf Schloß Salzau ist schon sehr groß.

Was macht ein Ballettmeister, dem die Großen des Landes einst zu Füßen lagen, hier in der Provinz?

„Ich erledige die Hausarbeit“, erläutert Nikita Gsovsky, und damit hat er gut zu tun, denn der Haushalt zählt viele Köpfe: zwei Schwäne, zwei Freunde, zwei Katzen und zwei Hunde.

Außerdem verkauft er noch Autos. Und diese Tätigkeit klingt nicht nur deshalb überraschend, weil Nikita Gsovsky keinen Führerschein und keine Beziehung zu Autos besitzt. „Ich bin einfach da und halte Hof, dann kommen alle möglichen Leute, unterhalten sich mit mir und kaufen ein Auto, obwohl sie eigentlich gar keins brauchten.“

Nikita Gsovsky sagt dies von der Ofenbank aus, und um ihn herum schnurrt der Kater „Mercedes“, der nun eigentlich umgetauft werden müßte, denn verpflichtet wurde Nikita Gsovsky von der amerikanischen Konkurrenz mit dem eckigen Stern.

Mit Kunst läuft alles besser, das hat sich offenbar auch in der Motorbranche herumgesprochen, und deshalb erhielt Nikita Gsovsky den Auftrag, den Autosalon seines neuen Arbeitgebers entsprechend zu dekorieren. Zum Beispiel durch Ausstellungen. Für seine Bemühungen erhält er monatlich 1500 Mark brutto, das kann bekanntgemacht werden. Schon deshalb, damit niemand auf den Gedanken kommt, bei dem aus Salzau vertriebenen Ballettmeister mit dem großen Namen sei jetzt etwas zu holen. „Ich habe nichts mehr“, versichert Nikita Gsovsky sicherheitshalber noch einmal, und der Wind heult wie zur Bestätigung ums einsame Haus.

Wie eine große Last sei alles von ihm gefallen. Hier in der Nähe der See fühle er sich wohl, er werde noch große Dinge vollbringen. Für einen Moment habe er sogar daran gedacht, sich als Kurdirektor in St. Peter zu bewerben. Aber vieles, was Nikita Gsovsky sagt, entspringt der stets lebhaften Phantasie des Augenblicks und ist daher nicht für die Goldwaage bestimmt. Die Vorwürfe, er habe nicht ordentlich gewirtschaftet oder unrechtmäßig Geld aus der Landeskasse bezogen, seien in sich zusammengefallen. 61 000 Mark Schulden sind allerdings noch übriggeblieben, und auch das könne man ruhig veröffentlichen. Natürlich werde er alles bezahlen, hofft aber gleichzeitig, daß sich das Kultusministerium großzügig zeigt und noch einmal etwas zulegt.

Er sei immer von allen ausgenutzt worden, hat ihm sein Arzt bescheinigt, und Nikita Gsovsky weiß warum: Er habe vieles, was Politiker nicht haben, aber gerne haben möchten. An dieser Stelle fällt ihm ein schöner Satz des einstigen Gönners und gewesenen Uwe Barschel ein: „Herr Gsovsky“, habe der gesagt, „ich verstehe zwar nichts von Ballett, aber Sie sind ein Mann, mit dem man sich sehen lassen kann.“

An dieser Stelle heult wieder der Wind um das alte Haus, der große Kachelofen bullert und Mercedes, der Kater, schnurrt wirklich wie ein „Daimler“. „Auf Salzau wird keiner glücklich“, sagt Nikita Gsovsky, und das Kulturschloß der Landesregierung werde noch weitere Köpfe fordern. Und da er schon einmal bei Voraussagen ist, verspricht er: „Ich mache noch einmal eine ganz tolle Kiste.“ Ob in der Autobranche oder beim Ballett läßt er allerdings offen.

P. S.: Mit der neuen Karriere in der Autobranche war es schnell vorbei, und zurück blieb nur Nikita Gsovsky ungebrochener Optimismus, daß die gute alte Zeit eines Tages zurückkehrt.

Claus Hagenbeck und sein Urgroßvater

Dr. Claus Hagenbeck, geboren 1941 in Hamburg, studierte Tiermedizin und ist Direktor des bekanntesten deutschen Tierparks, den sein Urgroßvater Carl Hagenbeck mit zunächst sechs Seehunden gegründet hat.

Nach Afrika fährt er bestenfalls zum Golfspielen, aber nicht um Tiere einzufangen, doch Claus Hagenbeck räumt ein, daß sein Name einen Vorteil hat: Bei einem Essen gibt es mit der Tischdame sofort ein Gesprächsthema: „Ach, Sie sind Herr Hagenbeck, das ist aber interessant, fahren Sie eigentlich häufig nach Afrika?"

Den Urgroßvater in dem vergoldeten Rahmen über dem Elefantenfuß, den kann man sich mit seinem verwegenen weißen Hut noch auf den Spuren wilder Tiere vorstellen. Der Nachfahre Claus dagegen würde eher in einen sehr britischen Club passen. Erst recht natürlich, wenn er in seinem Jaguar Cabrio Baujahr 54 vorfährt.

Auf die Frage, woher denn die Tiere kämen, wenn er sie nicht in Afrika oder Asien einkaufe, sagt Claus Hagenbeck, wer scharf nachdenke, der könne die Antwort selber finden: Sie werden im Zoo geboren. Von wenigen Arten abgesehen, übersteigen die Geburtsraten bei weitem die Abgänge, und wenn die Eigenproduktion nicht ausreicht oder zu groß ist, dann wird wie unter Briefmarkensammlern getauscht.

Dies ist nach den Worten von Claus Hagenbeck auch schon deshalb das einfachste Verfahren, weil der Import von Tieren derzeit einen ungeheuren Aufwand verlangt. Für den Erwerb eines Delphins aus Florida habe er beispielsweise zwei Aktenordner voller Bürokratie und vier Jahre Zeitaufwand benötigt.

Die Sammlung von Brehms Tierleben im Bücherschrank sieht nicht so aus, als werde sie noch benutzt, und Claus Hagenbeck erzählt, wie er auf die Übernahme des traditionsbeladenen Erbes vorbereitet worden ist, nämlich in erster Linie dadurch, daß er im Tierpark aufwuchs und als Kind die Anlage auch nur selten verlassen hat.

Und dabei ist es geblieben, denn wo schon der Urgroßvater gewohnt hat, da lebt auch Claus Hagenbeck mit seiner Familie. Wenn er aus dem Fenster des großen alten Hauses blickt, kann er die Watussi-Rinder und die Kudus begrüßen, anschließend dem Mähnenwolf beim Frühstück zusehen und in der mächtigen Vogelvoliere schon von weitem feststellen, ob den leuchtend roten Ibissen genügend Farbstoff ins Futter gemischt wurde.

Also wohnen mitten im Traumberuf? Claus Hagenbeck nennt erst einmal seine Dienstzeit. Zehn Tage am Stück, dann vier Tage frei, aber was heißt frei. „Ich höre ein Tier brüllen und sehe einen Wärter laufen und frage mich, was ist nun schon wieder los, warum läuft der?" Dabei besteht selten Grund zur Beunruhigung, denn der Krankenstand bei Zootieren ist wesentlicher geringer als unter einer gleichgroßen Zahl von Menschen. „Wir verlangen eben keine Leistung, daran liegt es. Eine Kuh muß 40 Liter Milch geben und bekommt auch noch schlechtes Futter. Zootiere dagegen erhalten immer nur das beste." Bei Hagenbeck für insgesamt 3000 Mark am Tag.

An diesem nebligen Wintertag werden die Einnahmen durch die Besucher nicht einmal für die Speisekarte, geschweige denn für die Bezahlung der 120 Mitarbeiter reichen, aber dafür kommen an einem schönen Sommertag 20000 Besucher (à 15 Mark), und Claus Hagenbeck stimmt daher auch kein Klagelied an, sondern berichtet von seinen beiden Oldtimern, dem Jaguar und dem Mercedes 220 S, Baujahr 57 mit roten Ledersitzen, und auf die Frage nach dem intelligentesten Tier unter den 2000 Zoo-Bewohnern nennt er ohne zu zögern den Dackel der eigenenFamilie.

Sein Lieblingstier sei der Elefant, aber weder den noch die Delphine sollte man als intelligent bezeichnen, weil Tiere nicht in der Lage seien, abstrakt zu denken. Man könne ihnen nur etwas beibringen, und einige seien eben lernfähiger als andere.

„Die Tiere sehen mich auch nicht als Tierarzt, der ihnen helfen will", sagt er, sondern er werde eher mit Mißtrauen beobachtet. „Sie wissen, ich will etwas von ihnen, deshalb ist höchste Aufmerksamkeit angesagt", und dann führt Claus Hagenbeck vor, wie er das Blasrohr ansetzt, genau zielt und den Narkosepfeil abschießt. Das sei bei aller Technik immer noch die beste und sicherste Methode, um einen Patienten behandlungsbereit zu machen.

„Aber ein Tierpark besteht eben nicht nur aus Tieren", sagt Claus Hagenbeck und wird schon dringend im Keller des Verwaltungsgebäudes benötigt, wo gerade die Ölleitung geplatzt ist.

Der einzige, der sich durch nichts erschüttern läßt, ist Urgroßvater Carl, in Bronze gegossen und auf einen Löwen gestützt, betrachtet er neben dem pompösen Eingangsportal sein Werk. Und auf die Frage, wo er am liebsten fotografiert werden möchte, wählt Claus Hagenbeck mit Selbstverständlichkeit den Platz vor dem Denkmal.

Geste für Gäste:
das Ehepaar von Hassel beim Fahnenwechsel

Kai Uwe von Hassel, geboren 1913 als Sohn eines Pflanzers in der ostafrikanischen Republik Tanganjika (Tansania). Nach dem Zweiten Weltkrieg zunächst Kommunalpolitiker in Glücksburg. 1950 Einzug in den Kieler Landtag, 1954 Ministerpräsident. Anfang 1963 wurde von Hassel als Nachfolger von Franz Josef Strauß Verteidigungsminister, 1966 Vertriebenenminister und 1969 (bis 1972) Bundestagspräsident. 1980 schied von Hassel aus dem Bundestag aus, blieb aber noch bis 1984 Mitglied des Europaparlaments.

Von früh bis spät im Gange

73

Für jeden Besucher zieht der Hausherr an dem mannshohen Fahnenmast die jeweilige Heimatflagge auf, und die schlaffe Anwesenheit der blau-weißen Bayernfarben entschuldigt Kai-Uwe von Hassel damit, daß er noch keine Zeit zum Wechseln auf Schleswig-Holstein gehabt habe. Kirchlicher Besuch aus Regensburg war dagewesen, denn dort singt der Sohn bei den Domspatzen. In der Wohnstube steht neben dem Steinway-Flügel auch eine Orgel. Ehefrau und Sohn teilen sich die Instrumente.

Von seiner Terrasse blickt Kai-Uwe von Hassel auf die Schloßruine vom Drachenfels und auf die neue Nobelherberge am Petersberg. „Wir liegen über dem Dunst von Godesberg“, sagt er und meint wirklich nur das Klima. Die Häuser in Kiel und Glücksburg hat die Familie aufgegeben und wohnt jetzt nur noch in Bonn II.

„Sie werden fragen, was ein prominenter Mann hier eigentlich macht“, sagt von Hassel und zählt auf: Vizepräsident der europäischen Union christlicher Demokraten und dort Sprecher für SDI sowie Fragen der Türkei, wo er jedes Jahr zwei bis drei große Reden halte; Bildungsarbeit bei der Hermann-Ehlers-Stiftung und der Konrad-Adenauer-Stiftung; Vorsitzender der deutsch-afrikanischen Holdinggesellschaft, Aufsichtsrat der deutschen Entwicklungsgesellschaft, Vorstandsmitglied der deutsch-namibischen Entwicklungsgesellschaft.

Außerdem sei er „Rädelsführer“ bei den Bemühungen, das Niveau der Parlamente entscheidend zu verbessern. Mit der schleswig-holsteinischen CDU-Landtagsfraktion habe er in dieser Hinsicht permanenten Ärger.

Auf Malta, wo er eine wesentliche Rede gehalten habe, seien die christlichen Demokraten eine hochqualifizierte Partei, „weil sie fast nur Leute in ihren Reihen haben, die auch im Beruf etwas leisten.“

Wer in Südafrika etwas bewirken wolle, der müsse fließend englisch sprechen. Das könne von Hassel ebensogut wie französisch. Spanisch dagegen spreche er nicht, und deshalb fühle er sich für den spanischen Bereich auch nicht zuständig.

„Ich bin von früh bis spät im Gange", sagt von Hassel, „und wenn ich jemand für etwas brauche, dann nehme ich immer einen, der ohnehin viel zu tun hat, das ist nämlich ein Zeichen für Qualität."

Während Männer seines Alters normalerweise viel Vergangenes erzählen, muß man Kai-Uwe von Hassel eher aus der Zukunft zurückholen.

Seinen Amtsvorgänger als schleswig-holsteinischer Ministerpräsident, Helmut Lemke, bezeichnet er als guten Mann, aber er habe sich auch einiges an den Hut gesteckt, was sein Vorgänger in die Wege geleitet habe: Die endgültige Regelung der deutsch-dänischen Minderheitenprobleme im Rahmen der Bonn-Kopenhagener Erklärung zum Beispiel. Natürlich nehme er Helmut Lemke das nicht übel, so sei das nun einmal in der Politik, aber die Wahrheit müsse auch gewahrt bleiben.

Nein, zu der wieder einmal aktuellen Diätendiskussion möchte er sich als ehemaliger Parlamentspräsident nicht äußern. Insgesamt aber seien die Zahlungen an die Abgeordneten zu hoch, und damit bildeten sie einen Anreiz für Leute, die nicht in die Politik gehörten. Dort sollte man sich erst engagieren, wenn man bereits einen ordentlichen Beruf erlernt habe, in den man jederzeit zurückkehren könne.

Kaum hat Kai-Uwe von Hassel die Schleswig-Holstein-Fahne an den Mast gehängt, da setzt Regen ein, und er holt das Teegeschirr sowie das allen Gästen vorgesetzte Spar-Boot der Gesellschaft zur Rettung Schiffbrüchiger von der Terrasse, nutzt auch gleich die Gelegenheit zu den politisch brisanten Fragen Stellung zu nehmen, ob die Kieler Howaldtswerke rechtswidrig U-Boot-Pläne an das Kap geliefert hätten.

Am angeblichen U-Boot-Skandal sei nichts dran. Bei

seinem jüngsten Südafrika-Besuch habe er mit einer hochrangigen Persönlichkeit im Außenministerium gesprochen, die sehr verbittert gewesen sei. „Uns glaubt man nicht, aber dem SPD-Abgeordneten Gansel glaubt man in Deutschland alles“, habe der Mann gesagt und versichert, daß Südafrika schon deshalb keine U-Boote nach deutschen Plänen bauen könne, weil dafür einfach das Geld fehle.

„Ich habe mich geirrt“, sagt von Hassel und bezieht sich auf das Ende der kommunistischen Herrschaftssysteme. 1979 habe er den Untergang des Kommunismus für das Jahr 2000 prophezeit, und nun sei es zehn Jahre eher passiert. Jetzt werde es zum Kampf zwischen den islamischen und nicht-islamischen Ländern kommen, und der werde erbittert geführt, weil Fanatiker im Spiel seien.

Das gesamtdeutsche Heer sieht der Ex-Verteidigungsminister als eine Art Bundesgrenzschutz, und bei der Bewältigung der Stasi-Vergangenheit empfiehlt er als Vorbild die Entnazifizierung. Man könne nicht alle rauswerfen, nur die Schlimmsten, wer bereit sei, umzudenken, dessen Vergangenheit sollte man vergessen.

„Ich bin kein Jäger“, sagt von Hassel beim Passieren der Trophäen im Hausflur. Der als Schirmständer eingesetzte Elefantenfuß am Eingang sei einst seinem Vater in Ostafrika vors Gewehr gelaufen. Neben dem Büffelkopf hängt hinter Glas eine Kleintiersammlung mit Skorpion und Tarantel. Kai-Uwe von Hassel sagt: „Spinnen mit langen nackten Beinen sind immer ungefährlich, aber kurze behaarte, das sind die Giftigen.“

Gerd Heidemann vor seiner geordneten Vergangenheit

Gerd Heidemann, geboren 1933 in Altona. Er war zunächst selbständiger Fotograf und trat 1955 in die Dienste des „Stern". Vom Fotografen stieg er zum Reporter für brisante Themen auf und sorgte 1983 als „Entdecker" der von Konrad Kujau gefälschten Tagebücher für weltweite Schlagzeilen. Nach Aufdeckung des Schwindels verlor Heidemann seinen Arbeitsplatz und wurde wegen Betruges zu vier Jahren und acht Monaten Gefängnis verurteilt.

Ein „Guthaben" nur bei der Justiz

77

Von seiner Gefängniszeit berichtet Gerd Heidemann wie ein Genesener von seiner Krankheit. Die mehr als zweijährige Untersuchungshaft, sie sei das Schlimmste gewesen. „Da machen sie einen fertig, der Staatsanwalt vor allem, der trug immer die Haßkappe". Kaum habe ihn der Richter freigelassen, sei von der Staatsanwaltschaft wieder die Inhaftierung durchgesetzt worden. Dreimal oder mehr, immer das gleiche Spiel, und mit 20 Mann seien sie zum Wiederabholen angerückt, obwohl einer wirklich genügt hätte.

Gerd Heidemann hat sein Leben in tausend schwarzen Aktenordnern archiviert. Sie ziehen sich die Wände entlang bis unter die Decke, wandern durch den Flur in ein anderes Zimmer und verengen die kleine Wohnung in dem großen Altonaer Wohnblock wieder zu Zellen. Kongo, Hamburg, Stuttgart, Guinea, Amerika, Mexiko, Göttingen oder DDR steht auf den Buchrücken, und wenn Gerd Heidemann berichtet, wie er das Flugzeugwrack mit den angeblichen Hitler-Tagebüchern in der DDR gefunden hat, wie er den geheimnisvollen Schriftsteller B. Traven oder den angeblichen Sohn Tschou En Lais entdeckt hat, dann zieht er aus den Hunderterreihen einen Band hervor, der in Plastikhüllen penibel geordnet das gesamte Beweismaterial enthält: Die Spesenabrechnung ebenso wie die U-Bahnfahrkarte, die Fotos und die geschriebenen Berichte.

Die eigentliche Haftzeit sei der reine Bildungsurlaub gewesen, sagt Gerd Heidemann. Bis auf die ersten sechs Wochen war er „Freigänger", in dieser Zeit habe er seine 1000 Aktenbände angelegt. Das halboffene Gefängnis Moritz-Liepmann-Haus liegt direkt neben dem Altonaer Theater, fünf Minuten Fußweg von der Wohnung entfernt. Um 23.30 Uhr habe man am Empfang den Zellenschlüssel geholt, sich selbst eingeschlossen und morgens vor dem Ausgang den Schlüssel wieder abgegeben.

Seine vier Jahre und acht Monate hat Gerd Heidemann bis auf den letzten Tag abgesessen.

Im Gefängnis sei er von allen sehr gut behandelt worden, und nie habe jemand gefragt, ob und wo er sein Geld vergraben habe. „Dafür haben sich immer nur die journalistischen Kollegen interessiert." Als wäre er noch immer beim „Stern", dokumentiert Gerd Heidemann jede seiner Aussagen: 190 Mark pro Woche erhält er Arbeitslosengeld, und er nimmt aus der Schreibtischschublade die entsprechende Mitteilung seines Arbeitsamtes. 187 000 Mark fordert das Amtsgericht Altona an Prozeßkosten, 90 Mark plus fünf Mark Zustellgebühr verlangte der Bundesgerichtshof, der eine Revision ablehnte und sich damit der Ansicht anschloß, daß Heidemann die vom „Stern" für den Ankauf der Hitler-Tagebücher empfangenen neun Millionen Mark nur zu einem geringen Teil an den Fälscher Kujau weitergegeben habe.

„Natürlich habe ich mir oft überlegt, was ich tun würde, wenn ich das Geld hätte", sagt Heidemann. Zunächst würde er sich neue Aktenordner kaufen, und schon vor Antritt der Haftstrafe hätte er sich jederzeit ins Ausland absetzen können. Das Erstaunlichste für ihn sei, daß niemand ernsthaft nach dem Verbleib des Geldes gesucht habe. Erst recht nicht die Polizei. „Wenn es einer finden könnte, dann ich", sagt Heidemann, aber keiner wolle ihm den Auftrag erteilen, und er zieht die Schublade eines Aktenschranks auf, in dem 200 Tonbandkassetten lagern. Jedes Gespräch, das er mit dem Fälscher Kujau geführt habe, sei heimlich aufgenommen. Aber keiner wolle das hören.

Weshalb er nicht auf eigene Faust nach den verschwundenen Millionen forsche? „Ich habe nicht einmal ein Auto", antwortet Heidemann.

An 13 Kriegen und bewaffneten Konflikten hat er im Namen des „Stern" teilgenommen. Stets in der Schußlinie, seine Fotos wurden in der ganzen Welt veröffentlicht, und verdient hat er Millionen.

„Kujau war gerissen, aber dumm", sagt Heidemann.

Daher habe er die Tagebücher nicht ohne einen sehr sachkundigen Helfer herstellen können. Vieles von dem Aufgeschriebenen stehe in keinem Buch und sei nur ganz wenigen Insidern bekannt.

Heidemann holt eines der 60 Tagebücher und liest vor: „3. Dezember 1943. Wir müssen an der Kanalküste aufpassen, denn das Treffen in Teheran hat sich nicht zum Händeschütteln abgespielt. Aber meine Generäle stecken wieder einmal den Kopf in den Sand ..."

Viel habe dafür gesprochen, daß sich in der kurz vor Kriegsende auf dem Flug von Berlin nach Salzburg bei Börnersdorf abgestürzten Maschine auch Hitlers Tagebücher befanden, sagt Heidemann, und zieht weitere schwarze Aktenbände aus den Regalen. Ein Dokument des amerikanischen Geheimdienstes erwähnt Tagebücher, und Hitlers langjähriger Adjutant Julius Schaub spricht von regelmäßigen Aufzeichnungen des Führers. Auch das Bundesarchiv habe mitgespielt: „Erst hinterher behaupteten alle, gewarnt zu haben", sagt Heidemann und zeigt den Vertrag, in dem ihm das Bundesarchiv für die Dauer von zehn Jahren mit Stempel und Siegel weltweit alle Rechte an allen neuentdeckten Dokumenten über Adolf Hitler zuspricht.

Von seinem Schreibtischsessel blickt Gerd Heidemann auf ein Ölgemälde aus dem Jahre 1938, das die „Carin II" in der Eckernförder Bucht vor dem Hintergrund eines Kriegsschiffes zeigt. Auf dem Geschenk der deutschen Automobilindustrie an Hermann Göring stehen Männer in weißen Uniformen. „Die Farbe abkratzen war das Schlimmste", sagt Heidemann und schaut auf seine Hände. Die Werft bekomme auch noch Geld von ihm, und das Letzte, was er von seinem Schiff gehört habe, sei, daß es von einem Ägypter gekauft und kurz darauf von Ghaddafi an die Kette gelegt worden sei. Für den Einsatz in warmen Gewässern sei es ohnehin nicht geeignet, da es ganz aus Mahagoni-Holz bestehe.

Dann holt Gerd Heidemann die Logbücher aus der

Zeit, als die Engländer aus der „Carin II“ einen „Prince Charles“ gemacht hatten, und blättert versonnen in den
80 großen Seiten aus schlechtem Papier.

„Wer 30 Jahre beim ‚Stern‘ tätig war, der hat vier Jahre und acht Monate Gefängnis immer irgendwie verdient“, sagt er und holt den Aktenordner „Göttingen“, der die Geschichte von Tschou En-Lai und seinem unehelichen Sohn enthält. Er habe festgestellt, daß der spätere chinesische Premier entgegen Henri Nannens Behauptung nie in Göttingen studiert habe. Der „Stern“ aber habe das Gegenteil berichtet und auch noch ein Bild gefälscht.

„Ich hätte ja wegen der Tagebücher den Sündenbock gespielt, wenn man mir zugesagt hätte, daß nach einigen Jahren alles bereinigt wird, aber mich menschlich und beruflich zu ruinieren, das finde ich unfair.“

Auf dem Weg zum Bahnhof zeigt Gerd Heidemann, wo er geboren ist und wo das Gefängnis steht, und an der Ampel sagt er, er gehe jetzt immer bei Rot über die Straße, weil er bei der Justizbehörde ein sehr großes Guthaben besitze. Und dann wartet er doch auf „Grün“.

Blick aus der „Klöndöör": Helmut Heißenbüttel

Helmut Heißenbüttel wurde 1921 in Rüstringen bei Wilhelmshaven geboren. Nach dem Studium war er zunächst Werbeleiter eines Verlages und von 1957 bis 1981 als Nachfolger von Hans Magnus Enzensberger Literaturredakteur beim Süddeutschen Rundfunk. Zu seinen Veröffentlichungen gehören neben elf „Textbüchern" mehrere avantgardistische Erzählbände und der Roman „D'Alemberts Ende". 1990 wurde Helmut Heißenbüttel mit dem Kunstpreis des Landes Schleswig-Holstein ausgezeichnet.

„Ich lebe so vor mich hin“

82 Die deutsche Literatur hat Helmut Heißenbüttel auf bunten Regalen im Schlafzimmer aufgestellt. Über knarrende Dielen erreicht er von dort in wenigen Schritten das Krimi-Zimmer mit mehreren tausend Bänden, und der größte Teil der 7000 Schallplatten steht, umrahmt von sehr moderner Kunst, im Arbeitszimmer.

„Ich muß ja nicht schreiben“, sagt Helmut Heißenbüttel im Wohnzimmer, wo vor 200 Jahren ein Zimmermann seine Werkstatt hatte, und von dort führt eine Tür direkt auf den Friedhof. „Ich bin gerne auf dem flachen Land“, versichert der Gastgeber, und als ihm 1981 das alte Haus neben der Kirche von Borsfleth angeboten wurde, hat er dies als Glücksfall empfunden, und sofort den Kauf geregelt.

Durch das alte Sprossenfenster blickt man auf eine hohe Steinmauer, die das Haus umgibt, und das nahe, mit Wasser hochgefüllte Fleet wirkt wie ein Burggraben.

„Ich lebe einfach so vor mich hin“, sagt Helmut Heißenbüttel. Er empfinde es hier angenehmer als in der Stadt. In das Dorfleben werde er allerdings nicht hineingezogen, sondern betrachte es nur von außen. Es sei so etwas wie ein halber Kontakt.

Von den 40 000 Mark, die mit dem Kunstpreis des Landes verbunden sind, will Helmut Heißenbüttel die auf dem Haus ruhenden Schulden abtragen, und er räumt freimütig ein, daß ihm seine 20 Bücher derzeit jährliche Einnahmen von 10 000 Mark bringen.

„Ich bin ein Vertreter der experimentellen Literatur“, sagt Heißenbüttel, und wenn er eine Seite von den Kollegen Grass oder Lenz gelesen habe, dann klappe er das Buch gleich wieder zu. Günter Kunert habe er sich deshalb als Lobredner für die Verleihung des Kunstpreises ausgesucht, weil der die Literatur hasse und nur noch Sachbücher lese. „Ich wollte daher wissen, was er über mich sagt.“

Die Behauptung, daß es in der Umgebung von Bors-
fleth feucht sei, halte er für ein Gerücht, sagt Helmut
Heißenbüttel, und in Stuttgart, wo er ein Vierteljahr- 83
hundert ansässig war, regne es andauernder als in den
Elbmarschen.

Vom Fernsehzimmer aus, das an der Straße liegt, kann Helmut Heißenbüttel das kunstvoll geschmiedete Tor zum Friedhof sehen, und auch die kleinbürgerliche Parade der Nachbarhäuser. Er habe schon einmal daran gedacht, über einen der Bewohner etwas zu schreiben, sei dann aber doch davon abgerückt.

Weil der Friede gestört werden könnte? Nein, die Gefahr bestehe schon deshalb nicht, weil im Ort ohnehin keiner lese, was er schreibe. Da er 1963 endgültig entschieden hat, nicht aktiv am Straßenverkehr teilzunehmen, sind viele Geschichten auf der Schiene entstanden. Die Strecke von Hamburg ins Funkhaus nach Stuttgart bestimmte die Länge des jeweiligen Werkes.

Am Sonntagmorgen ist es vor der Friedhofsmauer von Borsfleth ebenso ruhig wie dahinter, und auch die beiden meterhohen Lautsprecher zu beiden Seiten des Arbeitsplatzes auf dem Dachboden schweigen. Er könne bei Musik gut arbeiten, früher noch besser als heute, sagt Helmut Heißenbüttel. In den Regalen lagern vor allem Bach und Haydn, dazu sehr moderne Komponisten wie Helmut Lachenmann,Luigi Nono und John Cage, und einen CD-Player lehnt er ab, weil das Musikangebot zu klein sei.

Seit 1960 hat Helmut Heißenbüttel elf „Textbücher“ mit Gedichten und Geschichten veröffentlicht, und die Pause seit 1987 sei noch nicht so groß, daß sie ihn ängstige. Jetzt habe er etwas Schwieriges vor, wisse aber noch nicht was, und ein zwölfseitiges Gedicht sei so gut wie fertig gewesen, dann habe er es jedoch weggelegt. Es enthält auch seine Gefühle nach einem leichten Schlaganfall vor drei Jahren. Vielleicht sei das Gedicht noch zu retten, sagt er, helfen aber könne ihm niemand.

„Wenn ich 70 bin, ist mein fehlender Arm 50“, sagt

Helmut Heißenbüttel, und seine Frau fügt hinzu: „Rußlandfeldzug“.

Als er 1984 den Kölner Heinrich-Böll-Preis erhielt, da habe er befürchtet, daß sei der „Schlußbonbon“. Die Auszeichnung mit dem schleswig-holsteinischen Kunstpreis habe ihn daher völlig überrascht.

Viermal war er schon nach Amerika eingeladen worden, aber er habe stets abgelehnt, weil er nicht gerne reise. Da er am Kopf keine Wärme vertrage, ziehe ihn auch nichts nach Italien, und Urlaub mache er stets auf Amrum.

Obwohl sich das Telefon nur leise meldet, wirkt es in der Stille zwischen Friedhof und Dorfstraße wie ein Böllerschuß. Helmut Heißenbüttel sagt: „Ich kann es läuten lassen, ohne rangehen zu müssen. Und es bereitet mir ein gewisses Lustgefühl, wenn ich weiß, jemand will mich haben, und ich antworte nicht.“

Uwe Herms: Sommertage in der Toskana

Uwe Herms, Dichter und Fernsehautor, geboren 1937 in Salzwedel, aufgewachsen in Hamburg, Studium der Literaturwissenschaft, Philosophie und Kunstgeschichte. 1985 erschien sein bekanntestes Buch „Das Haus in Eiderstedt“. Mehrere Erzählungen, 1979/80 Rom-Preis der Villa Massimo und der Villa Romana in Florenz, Preisträger des Ingeborg-Bachmann-Wettbewerbs in Klagenfurt. 1972-1977 Fernsehredakteur (NDR, Hamburg). 1980 Vorlesungen über deutsche Gegenwartsliteratur an der Peking-Universität.

Poetisches unter südlichem Himmel

86 Als Uwe Herms im Kloster San Vivaldo den einzigen noch vorhandenen Mönch beim Mähen erblickt, da fällt ihm sogleich ein, daß er einmal in einem Fernsehfilm über die Pest den Tod gespielt hat, mit Mönchskutte und mit Sense. Das Geräusch des Mähens habe er noch immer im Ohr, es sei ganz unverwechselbar und einprägsam. Man kann sich Uwe Herms sehr gut in der Rolle eines Mönches vorstellen, und die dunkelbraune Franziskaner-Kutte würde er besser füllen als das dürre Original von San Vivaldo mit der Sense im einsamen Kampf gegen die wildwuchernde Natur.

In der Kloster-Kirche steht Uwe Herms besonders lange vor einem naiv gemalten Bild, das Franz von Assisi beim Segnen der Vögel zeigt, und er vermißt unter den versammelten Arten den Kolibri. Vor der Ferienwohnung habe er tags zuvor den bunten Winzling gesehen und ihn zunächst für ein besonders großes Insekt mit Rüssel gehalten. Erst an der Schwanzfeder sei er als Vogel erkennbar gewesen.

Beim Gang durch den verwilderten Garten entdeckt er blaublühenden Hibiskus und erinnert sich, dem Kollegen Siegfried Lenz solch eine Pflanze ins schleswigholsteinische Tetenhusen gebracht zu haben, wo sie nach einiger Mühe tatsächlich angewachsen sei.

Später erzählt Uwe Herms, daß er sich vor Jahren auf Sardinien vier Herbst-Wochen lang in den Anbau eines Hauses zurückgezogen hatte und in Decken gehüllt eine Art Abrechnung über die vorangegangenen zehn Jahre seines Lebens verfaßt habe.

Nach dem Spaziergang durch das verfallende Kloster mit dem gut erhaltenen Zahn des anno 1320 verblichenen Heiligen Vivaldo hat er für die Fortsetzung des Gesprächs die „Piazza della Repubblica“ im benachbarten Bergdorf Montaione empfohlen. Der Platz erinnere ihn an ein Wohnzimmer, und der Vergleich ist durchaus anschaulich: Eine Seitenwand bildet die schlichte Kirche mit dem alten Holzkreuz und einer sehr modernen Christus-Bronze, der geschmackvoll restaurierte Museumsbau sowie das zu der Plastik-Sitzgruppe gehörende Caffe Centrale schließen sich an, und eine schönere Decke als den fast immer blauen Himmel der Toskana könnte sich selbst ein Dichter nicht ausdenken.

Im Vorbeigehen blickt Uwe Herms in den Friseursalon und erzählt, wie er sich dort die langen Haare habe schneiden lassen. Die versammelten Frauen stammten aus den unterschiedlichsten Bevölkerungsschichten, in der Dauerwelle und dem durch ständiges Frisieren ausgedünnten Haar aber seien sie vereint gewesen. Daß er beim Damenfriseur eingekehrt war, hat ihn nicht gestört.

Neben langen Aufenthalten in Amerika, England, Peking und auf Eiderstedt hat Uwe Herms auch ein Jahr in Italien gelebt. Er könnte sich sehr gut vorstellen, wieder eine gewisse Zeit in Florenz zu verbringen. Geistreich und schön sei die Stadt, es sei gelungen, das Neue in das Alte zu integrieren. Rom dagegen sei doch nur ein „historischer Schichtkäse".

Auf die Frage, ob nicht nur der Maler, sondern auch der Schriftsteller in Italien in besonders starkem Maße zur schöpferischen Tätigkeit angeregt werde, sagt Uwe Herms: „Das Leben hier ist zum Arbeiten sehr geeignet." Die „günstige Konstellation" führt er auf „das gleichbleibend schöne Hochdruckwetter" und „die Verläßlichkeit der aufgehenden Sonne" zurück. Man könne sich hier gut konzentrieren, sogar beim Essen und beim Spazierengehen. Ein anregendes und beruhigendes Ambiente schaffe ihm ein inneres Gleichgewicht, das wiederum Voraussetzung sei für „Gedankenströme und Konzipierung".

Das „Wohnzimmer" von Montaione hat sich inzwischen gefüllt. Mit rasenden Skateboard-Fahrern, stummen Greisen, lärmenden Hunden und schreienden Kleinkindern. Selbst die dröhnende Kirchenuhr kann sich nur dadurch Gehör verschaffen, daß sie die Stunde zweimal schlägt: Fünf Minuten vor der Zeit zum Aufmerken und anschließend noch einmal zum genauen Mitzählen.

Seine Schreibmaschine hat Uwe Herms stets im Gepäck, und tief in der Toskana entsteht ein Kriminalhörspiel sowie eine längere phantastische Erzählung über einen Keramik-Künstler, auf den er zufällig im Schwarzwald gestoßen ist. „Ein Ortswechsel kann sehr anregend sein", sagt Uwe Herms. Anregungen nachhaltiger Art boten ihm auch das Haus in Eiderstedt, literarischer Tatort für die gleichnamige Erzählung. Es ist zwar noch vorhanden, aber Uwe Herms hat sein Doppelleben zwischen Hamburg und der Westküste auf das milde Ufer der Außenalster reduziert.

„Zwei Schreibtische, die 160 Kilometer auseinanderstehen - das war auf die Dauer nicht gut. Beim Schreiben muß ich wie in einem Cockpit sitzen, alle Handhaben wie Bücher und Karten in greifbarer Nähe." Der Unterschied zwischen Hamburg und Eiderstedt bestehe in einem Klimaschock doppelter Art: meteorologisch wie kulturell. Das sei anregend, aber auch störend.

Gegen Abend versammeln sich auch die Männer auf dem „Platz der Republik". Sie gehen paarweise wie Gefangene im Innenhof, oder sie sitzen abseits von den Jugendlichen und den Frauen. Sie sprechen leise, und die Kleinkinder laufen eher zu den Fremden als zu der Männergruppe.

Uwe Herms schätzt, daß er nur etwa ein Viertel alles Geschriebenen auch veröffentlicht. Er habe immer Bedenken gehabt, daß ein Stück noch nicht fertig sein könnte. Vor Jahren habe er sogar einmal ein druckfertiges Roman-Manuskript vom Verlag zurückgezogen. In seinem 53. Jahr habe er sich zur Seßhaftigkeit entschlossen. „Du brauchst das masurische Sitzfleisch", habe ihm Siegfried Lenz gesagt, und das versuche er sich jetzt anzugewöhnen. Dann empfiehlt Uwe Herms für den nächsten Cappucino eine höher am Berghang gelegene Trattoria, die noch von der Sonne erreicht wird.

Strandleben im eigenen Garten: Werner Höfer

Werner Höfer, Jahrgang 1913, arbeitete in der Zeit des „Dritten Reichs" bei verschiedenen Zeitungen. Nach dem Krieg setzte er seine journalistische Tätigkeit beim Nordwestdeutschen Rundfunk in Köln fort und „erfand" Anfang 1952 den „Internationalen Frühschoppen", der im August 1953 erstmals vom Fernsehen übernommen wurde. Im Dezember 1987 legte Höfer die Leitung der Sendung auf Druck des WDR-Rundfunkrates nieder. Vorangegangen war ein Bericht des „Spiegels", der sich kritisch mit einem Artikel befaßte, in dem Höfer 1943 die Hinrichtung des Pianisten Carlrobert Kreiten gebilligt haben soll. Der Beschuldigte dagegen behauptete, die entsprechenden Formulierungen stammten nicht aus seiner Feder.

Man muß an seine Träume glauben

Wehe dem einst zum Frühschoppen geladenen Journalisten, der nicht sogleich zur Sache kam und längere Rückblicke wagte, mit strenger Stimme fuhr ihm der Gastgeber in die Worte.

Sein Verhältnis zu Sylt beginnt Werner Höfer mit einem Rückblick auf die 30er Jahre, als die Reichsbahn den Hindenburgdamm populär machen wollte und auch die Kölner Zeitung um die Entsendung eines Journalisten bat. Die Redaktion schickte ihren Volontär, und Werner Höfer schildert, wie der sich einen mächtigen Sonnenbrand holte. „Ich bin ja fast ein Albino, und ich habe furchtbar gelitten".

Dennoch sei er bald wiedergekommen, auf eigene Kosten und „mit einer Frau, die Mutter meiner Kinder werden sollte". Beim zweiten Mal habe er während des Schwimmens seine Brille verloren und aus Gründen der Sparsamkeit ein Monokel gekauft. Daraufhin habe eine Zeitung berichtet, es deute sich offenbar eine Renaissance des Monokels an, weil auf Sylt ein Gast aus Köln mit einem solchen Sehgerät aufgefallen sei. Als allgemein gültiges Fazit stellt er fest: „Die Beobachtung ist richtig gewesen, aber die Beurteilung falsch, wie oft im Journalismus."

Werner Höfer sitzt in der äußersten Ecke des großen schwarzen Sofas, und wer ihn jahrzehntelang nur zur oberen Hälfte und mit Krawatte gesehen hat, wundert sich über die roten Socken und den grauen Rollkragen.

Seine Geschichten diktiert er mehr, als daß er sie erzählt, und treten darin andere Personen neben ihm auf, dann wird aus dem Bericht ein kleines Hörspiel.

Eines davon hat seinen ersten Sylt-Besuch nach dem Krieg zum Thema: Wie er in Westerland ankam, ihn aber keiner bedienen wollte, weil Mittagspause war; wie er zornig wurde; wie ihn ein Taxifahrer nach Kampen fuhr; wie ihn im Hotel „Rungholt" eine Dame empfing, die „aussah wie eine Gutsherrin“, wie er mißtrauisch Danziger Goldwasser trank, aber kein Zimmer fand; wie der Taxifahrer ihn mit Frau und Kindern in ein Hotel nach Wenningstedt fuhr, wie dort ein „sehr gut gewachsener und strenger Herr“ seine finanzielle Lage erforschte; wie die ebenfalls sehr streng wirkende Frau des Hauses in „einem wallenden Gewand“ erschien und zusätzlich fragte, wie es mit der Pünktlichkeit beim Essen stehe und wie die Höfers schließlich vier Wochen dort geblieben sind.

„Ich habe meine goldene Hochzeit mit Sylt schon hinter mir“, sagt Werner Höfer, für ihn sei die Insel ein Phänomen, dem man mit Vernunft allein nur ungenügend beikomme. Es müsse schon mehr hinzukommen, nämlich Treue und Liebe.

„Wenn ich etwas mache, dann nur Sachen, die es noch nicht gegeben hat“, sagt er und schildert als wohlformuliertes Hörspiel, wie der berühmte „Internationale Frühschoppen“ erfunden wurde: Eines Tages, es regnete, nehme ich in die linke Hand ein Glas, um mir einen Korn hinter die Binde zu gießen, und in die rechte einen Kugelschreiber, und kritzele auf eine Papierserviette eine Idee. Sie trägt die Überschrift: Der internationale Frühschoppen. Als ich wieder im Kölner Funkhaus bin und mich beim Intendanten zurückmelde, sage ich: „Chef, mir ist etwas eingefallen.“ „Na Junge, mach du mal“, habe der Intendant Hans Hartmann gesagt, und am folgenden Sonntag, dem 6. Januar 1952, sei der erste „Internationale Frühschoppen“ gesendet worden.

„Aber das nur nebenbei“, sagt Werner Höfer, und selbst an dem übergeschlagenen Bein sieht man das Ende des wirklich sehr roten Strümpfes nicht.

Die Geschichte, wie er „Bei Karlchen“ eingeführt wurde, wollte Werner Höfer schon vor dem Hörspiel von der Erfindung des „Frühschoppens“ erzählen, aber als guter Dramaturg deutete er sie nur an, und verschob sie mit der Bemerkung: „Ich erzähle lieber etwas anderes, sonst werden mir die Augen feucht.“

Und etwas Wehmut klingt wirklich mit, als er von den merkwürdigen u Leuten berichtet, die sich in Karlchens berühmter Kneipe zu versammeln pflegten. Die „heimatlose Linke" habe sich dort getroffen, fröhlich sei man gewesen und gestritten habe man sich über Gott und die Welt. Und die höchste Auszeichnung habe darin bestanden, einen Stammplatz an der Theke zu erhalten. Aber Karlchen sei nie gesund gewesen, „und eines Tages war er eben tot".

Um das große Friesenhaus am Rande von Kampen heult der Wind, und Werner Höfer sitzt nun schon seit einer Stunde mit festverschränkten Armen in der äußersten Ecke des schwarzen Sofas. „Die großen Gastronomen und die großen Künstler haben nur dann Erfolg, wenn dahinter eine Persönlichkeit steht", sagt er. „Nach Zahl und Güte lassen die interessanten und eigenwilligen Typen in beunruhigendem Maße nach", und er nennt dafür zwei Gründe: erstens ziehen sie sich an andere Plätze der Welt zurück, und zweitens gibt es eben keinen Treffpunkt wie „Bei Karlchen".

Um mit den Händen vorzuführen, wie Tänzer gehen, muß Werner Höfer notgedrungen die verschränkten Arme öffnen, und die ungewöhnliche Geschichte von der Tänzerin Valeska Gert beginnt er mit dem guten Rat: Man müsse an seine Träume glauben, dann würden sie auch erfüllt.

Sein Traum sei stets ein Haus in Kampen gewesen, und dann berichtet er, wie sich dieser Traum erfüllte. Die Geschichte ist lang, und sie endet traurig und glücklich zugleich, nämlich damit, daß der vergessene Weltstar Valeska Gert von Nachbarn tot aufgefunden wird, „mit goldenen Schuhen und aufgebahrt wie eine Königin". Das Ehepaar Höfer hat sie zu Erben ihres Restaurants „Ziegenstall" gemacht, und daraus wurde jenes Traumhaus, in dem der Witwer Höfer nun wieder mit festverschränkten Armen auf dem großen schwarzen Sofa sitzt.

„Sie war eine wunderbare Frau", sagt er, und er habe

viel Zeit und Mühe aufwenden müssen, um ihr in der Heimatstadt Berlin ein Ehrengrab zu beschaffen, aber es sei ihm schließlich gelungen. Das Haus habe er in der Achse so verschoben, daß es besser zur Sonne stehe, und er hoffe, daß es Valeska recht sei.

Jeden Morgen holt sich Werner Höfer sechs Zeitungen, und mit der Post kommen weitere. Zuerst liest er immer „Bild“, denn man müsse ja wissen, „was sich dieses Blatt alles leistet“. „An den Strand gehe ich nur selten“, sagte Werner Höfer, „weil dort die Popularität zum Fluch wird“ und ihn ständig jemand anspreche. Was die Gesundheit betrifft, so sei der Strand auch nicht entscheidend. In den 50 Jahren seines Sylter Sommerlebens habe er jedenfalls noch nie Beschwerden mit den Atemwegen gehabt.

„Alle sind hier sehr nett zu mir“, sagt Werner Höfer, und das Fernsehen habe er endgültig hinter sich. „Eines Tages wird herauskommen, wie sich bestimmte Dinge in Köln entwickelt haben.“ Mehr sagt er zu dem spektakulären Ende seines Frühschoppens nicht.

Knut Kiesewetter: Teestunde auf dem Friesenhof

Knut Kiesewetter wurde 1941 in Stettin geboren. Er wuchs in Eiderstedt auf und besuchte zunächst in Lübeck und anschließend in Hamburg Musikhochschulen. Doch statt in seinem Hauptfach „Trompete" als Namenloser in einem Orchester zu spielen, schlug er die Solistenlaufbahn ein. Er komponiert und singt vor allem plattdeutsche Lieder, mit denen er in ganz Deutschland großen Erfolg hat.

Botschaft aus dem Friesenhof

Vor der heilen Welt des Friesenhofes liegt viel zerstörte Natur in Form von Kiesgruben, und Knut Kiesewetter zürnt über die Bagger, die alte Feldwege in breite Rennstraßen verwandelt haben. „Ich lebe hier in der schönsten Gegend der Welt“, sagt er und schließt die nahe nordfriesische Inselwelt mit ein. Die Kollegen Hannes Wader, Fiede Kay, Volker Lechtenbrink sind seine Nachbarn, und die Wege, die zu ihnen führen, hat Knut Kiesewetter eigenhändig mit Kastanien und Pappeln bepflanzt. Mehrere tausend, „damit die Leute nicht behaupten: Dieser Klugscheißer.“

„Wenn ich in Nordfriesland ein Konzert gebe, kommt kein Mensch“, sagt Knut Kiesewetter, und als er sich von einem Freund kürzlich zu einem Auftritt nach Sylt hat überreden lassen, da wurde von den Einheimischen der Wunsch geäußert, er möge doch „Wir fahren nach Madagaskar“ singen.

„Ich bin ein Mensch, der deutlich sagt, was ihm nicht paßt“, versichert er und lieferte den Beweis mit der Erklärung: „In keiner Branche gibt es so viele Stümper wie im Musikbereich.“ Er muß es wissen, denn Knut Kiesewetter hat 50 Langspielplatten produziert, und da seine Popularität ungebrochen ist, braucht er sich um seine künstlerische Zukunft nicht zu sorgen.

Früher hat Knut Kiesewetter auch für Volker Lechtenbrink und Hannes Wader Texte und Noten geliefert, aber jetzt bedient er nur noch Fiede Kay, und unter dem Dachboden des prächtigen Friesenhofes befindet sich auch ein Boxring, denn in jungen Jahren war Knut Kiesewetter beim Hamburger Polizei-Sportverein in der Schwergewichtsklasse tätig. Selbst Max Schmeling habe ihm Talent bescheinigt, sagt er. Heute trägt er um den Hals eine Lupe, die er auch benutzt, wenn er auf die Armbanduhr blickt.

Knut Kiesewetter vermutet, daß der Friesenhof aus dem Jahre 1700 stammt, und ursprünglich einige Kilometer von seinem heutigen Standort in Bohmstedt entfernt lag. Der „Umzug“ unter Verwendung des alten Materials erfolgte 1806. Aus diesem zweiten Original entstand dann 1971 die jetzige Version, die als Traumhaus eingestuft werden darf.

In den 60er und 70er Jahren, sagt Knut Kiesewetter, sei er so populär gewesen, daß seine Anhänger in Scharen das Haus belagerten. Wie im Zoo habe er sich gefühlt. Inzwischen habe sich alles normalisiert, und kürzlich sei eines seiner Konzerte in Köln nicht einmal ausverkauft gewesen.

Er habe mit seinen Erfolgen unheimlich viel Glück gehabt, denn in der Musikszene seien keineswegs immer die Besten auch die Erfolgreichsten.

Der letzte Nachbar, mit dem er sich auf Friesisch unterhalten konnte, ist vor zehn Jahren gestorben, und von den sieben noch praktizierten friesischen Mundarten spricht Kiesewetter das Mooringer Frasch. Nicht perfekt, denn geboren wurde er im pommerschen Stettin, aber er habe sich gesagt, wenn er schon in Friesland lebe, dann müsse man auch die dortige Sprache beherrschen.

Alle seine späteren Erfolgslieder, ob „Fresenhof“ oder „Min Gott he kann keen Plattdütsch mehr“ seien zunächst von den Plattenfirmen abgelehnt worden. Er habe auf der einen oder anderen hochdeutschen LP aber immer ein plattdeutsches Stück untergeschummelt.

„Meine Lieder sind keine Schlager“, sagt Knut Kiesewetter. Er versuche schon, so etwas wie Kunst zu schaffen und eine Botschaft zu vermitteln, und daß das Plattdeutsche wieder an Zuspruch gewonnen hat, schreibt er sich als persönliches Verdienst zu.

Mit der Posaune, auf der er studiert hat, wäre er verhungert, sagt Knut Kiesewetter, und wenn es die Zeit erlaubt, tritt er kostenlos mit einer Jazz-Kapelle in der Flensburger Theaterklause auf.

„Vorsicht vor dem Bisschen Hund“, steht an der Eingangspforte, und der große, schwarze Hovawart, vor dem gewarnt wird, heißt natürlich „Kuddl“.

Zwei Feldherren:
Günter Kießling und Paul von Hindenburg

Günter Kießling, Jahrgang 1925, gehörte zu den ersten Offizieren der neugegründeten Bundeswehr. Als „Vier-Sterne-General" wurde er 1982 stellvertretender NATO-Oberbefehlshaber in Europa. 1984 wurde ihm auf der Grundlage dubioser „Zeugen" vorgeworfen, in homosexuellen Kreisen zu verkehren und somit ein Sicherheitsrisiko darzustellen. Der Entlassung durch den damaligen Verteidigungsminister Manfred Wörner folgte die volle Rehabilitierung durch den Bundespräsidenten. Danach schied Kießling freiwillig aus dem aktiven Dienst der Bundeswehr aus.

Bilder, die Hindenburg in Zivil zeigten, seien ganz selten, sagt Günter Kießling, und deshalb habe er auch lange danach suchen müssen. Und als wollte er den Reichspräsidenten und obersten Heerführer nicht völlig „unbekleidet" ausstellen, hat er in die untere Ecke des Rahmens ein Foto des uniformierten Vier-Sterne-Generals Kießling gesteckt.

Neben dem Gemälde steht ein Computer, auf dem Kießling sein zweites Buch schreibt. Mit seinem Erstlingswerk liegt er voll im Trend. Den Titel „Neutralität ist kein Verrat", und darauf legt er Wert, hat er selbst und nicht etwa der Verlag erdacht.

„Hier ganz in der Nähe fiel der erste Schuß im Krieg von 1864", sagt Günter Kießling, und viele Leute in seiner neuen Heimat Rendsburg wüßten gar nicht, daß es ja ein Koalitionskrieg gewesen sei. Die Preußen und Österreicher auf der einen und die Dänen auf der andern Seite. Dann holt er aus der Bibliothek Theodor Fontanes Beschreibung dieses Waffenganges und legt das zerlesene Exemplar neben die Kaffeetasse. An der gegenüberliegenden Wand hängt ein alter Säbel, und der Betstuhl fällt nur auf, weil er ein neues Polster erhalten hat.

Am Morgen hat Hans Apel angerufen und Einzelheiten für eine Veröffentlichung erfragt. Er sei als Mensch völlig integer, sagt Kießling, aber er sei der schlechteste Verteidigungsminister der Nachkriegszeit gewesen. Warum? Das könnte an der Art des Auftretens gelegen haben. Aber nicht nur. „Führende Militärs haben eine Abneigung gegen den Sozialismus", und bei den preußisch-deutschen Soldaten komme noch eine Abneigung gegen die katholische Kirche hinzu. Beides sei übrigens widersinnig, denn Soldatentum bedeute Gemeinschaft, und in der militärischen Hierarchie sowie bei den Zeremonien gebe es zum Katholizismus doch viele Gemeinsamkeiten.

Und Wörner?

Kein anderer Verteidigungsminister sei auf sein Amt besser vorbereitet gewesen, sagt Kießling. Aber jeder Mensch mache nun einmal Fehler, die auch entschuldbar seien, wenn sie unter Zeitdruck passierten. Aber in seinem Fall hätte Wörner ja monatelang Zeit gehabt, also keineswegs unter Zeitdruck gestanden. Keinen Gefreiten dürfe man bestrafen, wenn ihm ein Fehler nicht zu beweisen sei, und Wörner habe keine Beweise gehabt, und er habe auch wissen müssen, daß die Vorwürfe nicht stimmten.

Sechs Jahre sind seit der Affäre Wörner/Kießling vergangen, und der General macht durchaus den Eindruck, als habe er den Angriff unter die Gürtellinie inzwischen überstanden. Von vielen Journalisten habe er Unterstützung erfahren, aber nur von zwei führenden Politikern, nämlich von Franz-Josef Strauß und Uwe Barschel. Letzterer habe ihm einen langen handgeschriebenen Brief geschickt.

Vielleicht liegt es an diesem Beistand, daß Kießling sich weigert, von einer Barschel-Affäre zu sprechen. Eine Kieler Affäre sei es gewesen, und außerdem sollte man vor den Toten Respekt zeigen.

Aber diese und vielleicht selbst die eigene Affäre sind für den Vier-Sterne-General a. D. offensichtlich Nebenkriegsschauplätze geworden. Ihn treibt jetzt die europäische Friedensordnung und damit die Aktualität.

Mit der Wiedervereinigung rechnet er noch Ende 1990, und den Bonner Politikern hält er heftig vor, völlig unvorbereitet in die derzeitige Lage hineingeschlittert zu sein. Man könne das Problem doch nicht weiter aussitzen wie es der Bundeskanzler so gerne tue. Jeden Preis müsse man für die Wiedervereinigung zahlen, mit Ausnahme der Freiheit natürlich.

Auch den Austritt aus der Nato?

Vor dem klaren Ja sträubt sich Kießling ein wenig, spricht es indirekt aber dann doch aus. Ein Ziel bei der Schaffung der Nato sei doch gerade die deutsche Wiedervereinigung gewesen. Und ein weiterer Grund für die Einrichtung des Bündnisses habe in der sowjetischen Bedrohung bestanden. „Wenn Gorbatschow die sowjetischen Truppen aus der DDR abzieht, dann halten sie die Nato als militärische Organisation nicht mehr zusammen“, prophezeit Kießling, und obwohl er im Sessel neben dem Betstuhl sitzt, scheint er plötzlich auf dem Feldherrenhügel zu stehen: „Der Kerl braucht Geld, wir können ihm die Sache praktisch abkaufen.“

Mit dem „Spiegel“ fühlt er sich sehr verbunden, warum die „Welt“ einen Leserbrief nicht veröffentlicht habe, wisse er natürlich, und bei der Volkskammerwahl 1990 rechnet Kießling mit einem klaren Erfolg der SPD, durch den die Sozialdemokraten-West „einen unerhörten Schub erhalten werden“. Verlieren könne die Wahl hier eigentlich nur noch Oskar Lafontaine.

Im Flur vor den historischen Reiterbildern verrät er zum Abschied, was ihm ein Militärdekan nach der Rehabilitierung mit auf den Weg gegeben hat: „Durch nichts macht man sich mehr Feinde, als wenn man jemandem ein schlechtes Gewissen bereitet.“

„Wörner hatte wirklich nichts im Koffer“, gibt Kießling als Tagesbefehl mit auf den Weg.

P. S.: Auch vorausdenkende Strategen können irren. Den Zeitpunkt für die Wiedervereinigung sagte der General in dem Anfang Februar 1990 geführten Gespräch zwar richtig voraus, der Erfolg der SPD bei der Volkskammerwahl am 18. März 1990 trat dagegen nicht ein.

Günter Kunert, temperamentvoll

Günter Kunert wurde 1929 in Berlin geboren. Von 1946 bis 1947 studierte er an der Hochschule für angewandte Kunst in Berlin-Weißensee. 1951/52 lernte er Bertolt Brecht kennen, der seine schriftstellerischen Ambitionen fördert. Seit 1950 regelmäßige Veröffentlichung von Gedichten, Prosatexten und Reiseberichten. Nachdem er gemeinsam mit anderen prominenten Künstlern gegen die Ausbürgerung des Liedermachers Wolf Biermann protestiert hatte, häuften sich die Schikanen der „Staatssicherheit“. 1979 übersiedelte Kunert schließlich in die Bundesrepublik und ließ sich in der Nähe von Itzehoe nieder.

Ein Poet im Schulhaus

Beim Gang durch den Garten sagt Günter Kunert, er sei hier nur für das Grobe zuständig, und 20 Ulmen mußten gefällt werden, weil sie verdorrt waren. Das Kartoffelbeet nimmt sich merkwürdig fremd inmitten der Blumen aus, und der Bambus schießt mit seinen großen Blättern üppig, als wachse er an der Mündung des Ganges und nicht vor den Toren Schenefelds. Der Garten mißt 5000 Quadratmeter, und als sich Günter Kunert auf die weiße Bank setzt, wirkt er wie ein Spaziergänger, der im Stadtpark die Sonne genießt. An der Rückseite des alten Schulhauses kann man in das Arbeitszimmer blicken. Auf der Fensterbank liegt eine Katze, und der Ledersessel ist mit abgewetztem Schaffell überzogen.

Bitten schlägt Günter Kunert ungern ab, aber auf die Frage, ob eine Besichtigung des Arbeitszimmers möglich sei, sagt er, dort herrsche noch eine gewisse Unordnung. Auch im Wohnzimmer stapeln sich übereinandergeschichtete Kartons, aber sie fallen nicht auf, weil sie unter auffallenden Bildern stehen. Er male zur Entspannung, sagt Kunert, und er sitzt in einem Biedermeiersessel, dessen Rückenlehne seinen Kopf überragt. Später nimmt er vor der kostbaren Sammlung blauer Gläser Platz, die ein Regal bis zur Decke füllen. An dieser Stelle könnte einst das Lehrerpult gestanden haben.

Goethe hat auf die Schwelle seines Weimarer Hauses ein grüßendes „Salute“ einlegen lassen. Am Eingang des alten Klassenraumes liegt eine gelbe Fußmatte mit der Aufschrift „The Kunerts“. Es ist ein Mitbringsel aus Amerika. In Las Vegas hat Günter Kunert fünf Dollar verspielt, dafür aber seinen ersten Doktorhut mitgebracht. Das Allegheny-College in Pennsylvania hat die Würde verliehen, und der Geehrte fand die Veranstaltung „schön und anrührend“. Die bei derartigen Ehrungen übliche Festrede hat er über die amerikanische Literatur gehalten, der er von Jugend an verbunden ist, obwohl er ihr „existentielle Tiefe“ abspricht, wie man sie bei Kafka und Proust findet, die für ihn neben Walter Benjamin das Maß aller literarischen Dinge sind.

Günter Kunert räumt ein, daß er Belletristik vernachlässige und ein gutes Sachbuch vorziehe, etwa „Die Zerstörung der Bibliothek von Löwen“ von Wolfgang Schivelbusch, der auch die Geschichte der Eisenbahnen geschrieben hat. Beide Werke hat er „mit großem Gewinn“ gelesen, und daher wisse er jetzt zum Beispiel, warum die großen Pullmann-Wagen überhaupt und dann gerade in Amerika erfunden worden seien: Weil die Raddampfer auf dem Mississippi die ersten Verkehrsmittel mit salonähnlichen Innenräumen waren. Diese hat man dann einfach auf Räder gestellt.

Er selber zieht bei Eisenbahnfahrten aber das kleine Abteil dem Großraumwagen vor, und unmittelbare Nähe fremder Mitreisender störe ihn nicht, weil er beim Lesen sofort die Umwelt abschalte.

Häufiger als mit der Eisenbahn fährt er jedoch mit seinem Audi 200 Turbo. Damit hat er schon Tempo 225 erreicht und trotzdem noch etwa zehn Zentimeter Spielraum unter dem Gaspedal verspürt, so daß der Wagen nach seiner festen Überzeugung wohl die versprochenen 240 Kilometer pro Stunde schaffen könnte. Seine Frau rät allerdings dringend zur Mäßigung.

Die Autofahrt zu den Lesungen liebt Günter Kunert mehr als die Auftritte selbst. „Lesen ist Streß“, sagt er, das Publikum sei stets ähnlich, und die Fragen seien es auch. Es bringe wenig für ihn selbst. Auf Lesetournee bleibe für jeden Ort nur ein Tag, und vier Tage später erinnere man sich nicht mehr an den Ort und nicht mehr an die Leute, die man dort getroffen habe. „Eine vergebliche Berührung“ nennt Günter Kunert so etwas und zieht Lesungen in Norddeutschland auch deshalb vor, weil er abends im eigenen Bett liegen kann.

Marianne Kunert bringt den Kaffee und sagt, er komme so spät, weil der Blitz irgendwo in die Lichtleitung eingeschlagen habe. Das um 1900 erbaute Schulgebäude wird durch zwei auffallend lange Blitzableiter geschützt, und vor der Terrassentür steht Kommissar Schimanski mit der Maschinenpistole im Anschlag. Zwar nur als Pappfigur, aber vielleicht ist er dennoch eine Abschreckung gegen ungebetene Besucher. „Wir haben keinen Nachbarn, und das ist sehr schön", sagt Günter Kunert.

Als Berliner sei natürlich nur Norddeutschland als neuer Wohnsitz in Frage gekommen, denn die Berge wären für ihn nicht das Richtige gewesen. Seit 1980 wohnt Günter Kunert mit seiner Frau und sechs Katzen in der alten Schule von Kaisborstel. „Ich wäre ein aufgehörter Schriftsteller geworden, hätte ich damals die DDR nicht verlassen", kommentiert er aus der Distanz seinen Umzug in den Westen. Nachdem er als erster eine Petition gegen die Ausbürgerung des Liedermachers Wolf Biermann unterschrieben hatte, habe sich „der Staat sehr intensiv" um ihn gekümmert.

Die Frage, ob er sich eine Rückkehr vorstellen könne, findet er erheiternd. Natürlich nicht, denn er fühle sich in seiner Schule sehr wohl, und die Einsamkeit mache ihn keineswegs schwermütig. Er sagt: „Ich bin nicht wetterabhängig, es ist schön, wenn es stürmt, schneit oder nebelt." Er sei ein heiterer Melancholiker. Und diese ausgeglichene Gemütsverfassung prägt auch seinen Arbeitstag, der gegen sieben Uhr beginnt und zunächst bis 12 Uhr dauert. „Wenn es noch geht", schreibt er auch am Nachmittag, aber schon eine Fahrt in die Kreisstadt Itzehoe bringt ihn derart aus dem Tagesrhythmus, daß er nicht mehr zum Dichten, sondern nur noch „zum Reparieren" kommt.

Von einem Gedicht macht Günter Kunert nicht selten zwei Dutzend Fassungen, findet oft genug auch die letzte Version noch immer nicht gelungen. Lediglich etwa 20 Prozent seiner lyrischen Produktion werden zur Veröffentlichung freigegeben. An einem Gedicht könne man sehr schwer erkennen, was noch reparaturbedürftig sei, und nur in ganz seltenen Fällen gelinge ein Gedicht auf Anhieb.

„Die Angelegenheit hat mir sehr viel Spaß gemacht“, sagt Günter Kunert und spricht von dem Hörspiel über die Erfindung der Guillotine. Dies ist sein Beitrag für die Jahresfeiern zum 200jährigen Jubiläum der Französischen Revolution. „Ganz eigentümliche Dinge“ habe er bei seinen Nachforschungen zutagegebracht. Etwa den vergessenen Gelehrtenstreit darüber, ob der Kopf eines Hingerichteten wirklich noch drei Stunden weiterlebe. Gewürdigt hat Günter Kunert auch, daß die Guillotine von einem deutschen Mechaniker gebaut und außerdem als „Instrument der Gleichheit“ angesehen wurde; „denn vorher war das Köpfen den Adligen vorbehalten, während Verurteilte aus dem einfachen Volk auf weniger klare Art und Weise vom Leben zum Tode befördert wurden.“

Es sind diese öffentlich-rechtlichen Auftragsarbeiten, mit deren Hilfe sich selbst ein so prominenter Schriftsteller wie Günter Kunert das „Dichten“ leisten kann. „Gedichte und Kurzprosa werden leider keine Bestseller“ sagt er, und dann schickt er nach kurzem Überlegen ein „Glücklicherweise“ hinterher.

Auf die Frage, ob er nicht einmal wieder an ein größeres Werk denke, winkt er ab. Auf seinen 1965 entstandenen Roman „Im Namen der Hüte“ blickt er zwar mit Wohlgefallen, gesteht aber gleichzeitig ein, daß im Keller ein vor langer Zeit verfaßtes Romanmanuskript liegt. Seine Frau sehe es als nicht gelungen an und er persönlich auch nicht. Daher mag er weder Titel noch Inhalt nennen.

Für eine publizistische Überraschung ist Günter Kunert dennoch immer gut. Das beweist seine beängstigend aktuell wirkende Science-Fiction-Reportage über einen Besuch in Itzehoe anno 2037: Die Erde hat sich aufgeheizt, das Eis der Polarkappen ist geschmolzen, und die Städte der Westküste bis ins Binnenland sind nur noch mit Motorboot und Gondel befahrbar.

106 Für Günter Kunert gibt es seit langem keinen Zweifel daran, daß „eine unerhörte ökologische Katastrophe kommt“, und er sagt dies wie jemand, der es gewohnt ist, Warnungen in den Wind zu sprechen.

Bei der Rückkehr aus dem Garten zeigt er auf die große, braune Edeltanne, will aber auch künftig keinerlei Gift ausstreuen. Und wenigstens die Katzen sollen es besser als die Menschen haben. Sie dürfen das Haus nicht verlassen, da ihnen täglich gleich ein doppelter Tod drohe. Entweder auf der Straße durch die Autofahrer oder durch Jägers Lust im nahen Revier.

Günter Kunert sagt: „Katzen sind eine friedliche und zutrauliche Gesellschaft, die keine Ansprüche stellt. Es macht Spaß, ihnen zuzusehen und mit ihnen zu sprechen.“ Er liebe auch Hunde und streichele sie gerne, aber vorwiegend im Ausland, weil sie dort friedlicher seien als in Deutschland, und obwohl seine Frau geradezu darauf warte, daß er einmal gebissen werde, sei bisher nichts passiert, und er habe die Erfahrung gesammelt, „daß neurotische Sofortbeißer ganz selten sind“.

Was er eigentlich machen würde, wenn er nicht mehr schreiben dürfe? Er antwortet: „Ich habe nichts anderes gelernt. Das Schreiben ergibt sich aus einer Obsession. Gibt man ihr nicht nach, erfolgt eine neurotische Verknäuelung.“

Es gibt allerdings keinerlei Hinweise darauf, daß aus dem heiteren Melancholiker ein aufgehörter Schriftsteller und damit ein Neurotiker werden könnte.

Umgang mit Geistern: Carl Lambertz

Carl Lambertz, geboren 1910 in Düsseldorf, erlernte zunächst das Handwerk des Kirchenmalers und studierte anschließend Kunst. Im Anschluß an den Kriegsdienst kam er 1949 nach Schleswig-Holstein und richtete sich in Wittensee ein Atelier ein, das durch seine eigenwillige Architektur auffällt.

Kunst mit doppeltem Boden

108

Das Atelier sollte eigentlich rund werden, doch aus Kostengründen wurde der Anbau dann achteckig. Von seinem weißen Kunst-Tempel kann Carl Lambertz auf den Wittensee blicken, von dort aber nimmt er nur den Mond oder einige Stücke angespülten Abfalls in seine Werke auf.

„Ich komme ohne Engel und Geister nicht aus", sagt er, und an dem großen Bild auf der Staffelei ist noch ein Teil der ursprünglichen Seelandschaft zu erkennen, die er übermalt hat, weil sie zu realistisch war. In der zweiten Fassung haben wieder geheimnisvolle Wesen die Leinwand erobert. Auch der Künstler selbst schwebt durch die Lüfte, den bösen Geist malend. In einer Sprechblase droht er ihm gleichzeitig das Wieder-Auslöschen an, und hinter diesem Detail verbirgt sich eine sehr persönliche Kontroverse, in deren Mittelpunkt ein Streit um einen Baum steht.

„Surrealistischen Realismus" nennt Carl Lambertz seinen Malstil, und wenn man das Spätwerk mit dem „Obstkarren" aus dem Jahre 1953 vergleicht, wird sehr deutlich, wie sich ein Künstler wandeln kann.

„Das Gute und das Böse halten die ganze Welt zusammen und nur, wenn keines von beiden gewinnt, funktioniert sie", sagt Lambertz, und weiß keine Antwort auf die selbstgestellte Frage, ob die Welt nun ein Chaos oder eine wunderbare Ordnung sei. „Meine Bilder haben einen doppelten Boden, aber viele Betrachter oder Käufer sehen nur das Schöne, und nehmen sich nicht die Zeit, auch die Botschaft zu erkennen." Bei dem Bild „Die Manager organisieren die Sintflut" ist die Botschaft allerdings unverhüllt, und auch bei Gabi, dem „Maschinenmädchen".

„Keiner weiß, was wir hier für Bildungsarbeit leisten", sagt Carl Lambertz, und den Mädchen einer Hauptschulklasse hat er gerade erklärt, warum sie sich mit Kunst befassen sollten: Durch Musik, Literatur,

Theater und durch das Betrachten von Bildern werde die Sensibilität entwickelt, und schön werde jeder Mensch nur dann, wenn er sensibel sei. Diese Botschaft habe Wirkung gezeigt.

In dem großen weißen Kunst-Tempel gibt es verschiedene Arbeitsplätze. Carl Lambertz malt an mehreren Bildern gleichzeitig, und zur Entspannung spielt er auf dem weißen Flügel eigene Impressionen.

Daß er sich weiterentwickelt habe, führt er auf seine Frau Maria Reese zurück, die von sich sagt, daß sie „mehr Diesseitiges" male. Nach der Katastrophe von Tschernobyl färbte sie die ihre Bilder beherrschenden ansonsten bunten Schmetterlinge schwarz, und Carl Lambertz holt an dieser Stelle ein Heft mit rotem Einband und liest aus seiner Gedichtsammlung vor: „Schmetterling, warum trägst du Schwarz? Trägst du Schwarz für Schmetterlinge, oder trägst du Schwarz für uns alle?"

Er erzählt auch die Geschichte von dem einst führenden Landespolitiker, der am Schleswiger Dom vorbeifuhr und per Autotelefon sogleich ein Bild des Gotteshauses bestellte. Möglichst im Nebel und mit Rauhreif. Den Nebel und den Rauhreif lehnte Carl Lambertz ab, und statt dessen ließ er über dem Dom den guten gegen den bösen Geist kämpfen.

Aus den 30er Jahren stammt eine Zeichnung, die einen SA-Mann zeigt, der einen Menschen quält. Carl Lambertz berichtet über seine Gefängniszeit und ist zu der Erkenntnis gelangt: „Der brave Bürger ist zu jedem Verbrechen fähig." Damals hatten ihn die in SA-Uniform geschlüpften Nachbarn geschlagen, und noch heute quälen ihn Alpträume.

Ob ein Künstler etwas verändern könne? Carl Lambertz ist skeptisch und antwortet: „Ich will nichts verändern."

„Wir leben nicht schlecht", sagt er auch, und vom gerade fertiggestellten dreiteiligen Wandteppich mit den zu Ungeheuern vergrößerten echten Meerestieren mag er sich vorerst nicht trennen, obwohl er 46 000 Mark bringen würde und das Kieler Institut für Meereskunde schon eine „Option“ angemeldet hat.

110 Auf die Spitzen seiner Holzschuhe hat Carl Lambertz blaue Augen gemalt, und ohne gefragt zu sein verrät er, daß er die gehäkelte Kappe nur deshalb trägt, weil er aus gesundheitlichen Gründen seinen Kopf stets warmhalten müsse.

Eine Rarität: Fritz Latendorf zu Hause

Fritz Latendorf, geboren 1924 in Fissau/Ostholstein, ist gelernter Landwirt und wurde 1962 für die CDU in den Schleswig-Holsteinischen Landtag gewählt. Er gilt als eines der letzten Originale in der Landespolitik und wurde vor allem durch seine politischen Büttenreden bekannt.

Spät kommt er, doch er bleibt

Der Postkasten ist noch nicht geleert, und bei der Begrüßung entschuldigt sich Fritz Latendorf dafür, daß Majenfelde so schlecht zu finden sei. Dort am Waldrand, das sei schon der Kreis Plön, und sein Land habe er verpachtet. 45 Hektar und viel zu billig. Jetzt bewohne er das große Haus mit seiner Frau alleine, und die Rehe kämen bis in den Vorgarten. „Es ist etwas einsam hier", sagt Fritz Latendorf im Wohnzimmer und blickt auf viele andere Latendorfs. Enkel, Sohn, Schwiegertochter und Fritz Latendorf: als Brandmeister ordensgeschmückt, als Festredner am Pult und daneben drängen sich die Ehrungen: Teller, Statuen, Plaketten, Urkunden.

Was Fritz Latendorf macht, das macht er gründlich: Der Feuerwehr gehört er seit 1946 an, beim Sportverein Eutin 08 ist er seit 1965 Vorsitzender, und im Kieler Landtag ist er der Dienstälteste. Fünf Ministerpräsidenten hat er in dieser Zeit kommen und vier gehen sehen. Nur Helmut Lemke hat dem Landtag bisher noch länger angehört, doch dieser Rekord soll noch in dieser Legislaturperiode gebrochen werden.

Ob er noch einmal kandidieren werde? Fritz Latendorf sagt: „Im Grunde genommen soll man in diesem Alter dem Abgang von der politischen Bühne ins Auge sehen, auch wenn es an gegenteiliger Auffassung nicht mangelt." Nach 293 Plenarsitzungen, 632 Sitzungen des Finanzausschusses und 543 Sitzungen des Agrar- und Umweltausschusses fällt ein klares Ja ebenso schwer wie ein Nein. Den Zeitpunkt für den geordneten Rückzug aus der Politik hat Fritz Latendorf ohnehin verpaßt, und nun sitzt er in dem großen Sessel in dem großen einsamen Haus und erzählt sein Leben, als müßte er schon höheren Ortes Rechenschaft ablegen: Abgespielt hat sich sein Leben in der allernächsten Nachbarschaft, und wenn Fritz Latendorf sagt, daß er schon früh „den Duft der großen weiten Welt geschnuppert hat", dann meint er damit nicht etwa das Reisen, sondern den Eigentümer des landwirtschaftlichen Betriebes, auf dem sein Vater im nahen Fissau Verwalter war. Professor Georg Wegener sei nämlich Ostasienexperte und ein Vetter des berühmten Polarforschers gewesen, und Frau Professorin habe überall „die Gnädigste" geheißen, und sie sei auch dafür gewesen, daß er, Fritz, das Abitur machen sollte.

Nach der Rückkehr aus dem Krieg haben ihn im Dorf viele fragende Blicke getroffen. „Warum Du und nicht mein Sohn", sei aus diesen Blicken zu lesen gewesen, und seither geht er eine halbe Stunde vor der offiziellen Veranstaltung zum Volkstrauertag zu den langen Totenlisten.

In den Landtag rückte Fritz Latendorf, weil sein früherer Lehrherr nicht mehr kandidieren mochte, und eigentlich habe er ja kein Interesse gehabt, aber dann habe sich sogar der Intendant der Eutiner Festspiele beworben, und dieser drohenden Katastrophe konnte offenbar nur durch ein Selbstopfer begegnet werden, zumal, wie sich Latendorf erinnert, in jenem Jahr der Sommer so feucht war, daß das Erntedankfest verschoben werden mußte, weil die Ernte auch im Oktober noch nicht eingefahren war.

Dann holt er vom Telefon einen Zettel, auf den er die Namen von zehn Sportvereinen geschrieben hat, die noch immer nicht ihre Mitgliederzahl angegeben haben, und da ihm das Aufstehen Mühe bereitet, sucht er erfolgreich auch gleich zwei Schreiben aus Ostdeutschland. Der CDU-Ortsvorsitzende von Dassow bittet dringend um einen Wahlkampfauftritt, „da Sie doch genau den Ton anschlagen, der bei uns ankommt", und in dem zweiten Schreiben fragt ein Mitglied des Deutschen Turn- und Sportbundes an, ob Latendorf in seiner Eigenschaft als Landtagsabgeordneter nicht 600 000 Mark aufbringen könne, weil diese Summe der Leipziger Sektion gerade gestrichen worden sei.

„Ich kam immer überall zu spät, weil ich soviel zu tun

hatte“, sagt Latendorf wahrheitsgemäß, und dann erzählt er die offiziell noch immer geheime Geschichte, wie die CDU-Landtagsfraktion 1963 Helmut Lemke als Nachfolger von Kai-Uwe von Hassel zum Ministerpräsidentenkandidaten gewählt hat: Ein Sonntagvormittag sei es gewesen, und eigentlich habe es nur einen Kandidaten gegeben, nämlich Lemke. Aber als der Fraktionsvorsitzende Walter Mentzel routinemäßig gefragt habe, ob es noch andere Bewerber gebe, habe Peter Jensen gesagt: Ja, Detlef Struve, CDU-Bundestagsabgeordneter und Präsident des Schleswig-Holsteinischen Bauernverbandes. Und zur allgemeinen Verwunderung sei Struve als Sieger ausgezählt worden. Er habe das Amt jedoch nicht angenommen und so habe man sich eben auf Helmut Lemke geeinigt.

„Wir leben hier ganz ruhig“, sagt Fritz Latendorf. Dann packt er eine Wurst und etwas Schinken in eine Plastiktüte und sagt: „Es war schön, wieder einmal über alte Zeiten zu sprechen. Früher war der Umgang in der Politik auch von mehr Menschlichkeit getragen.“

P. S.: Fritz Latendorfs Versuch bei den Wahlen vom 5. April 1992 wieder in den Landtag einzuziehen, scheiterte.

Gerd Lausen: Meine Entscheidung war richtig

Gerd Lausen, geboren 1928 in Kiel. Er war von 1962 bis 1973 Landrat des Kreises Flensburg, 1967 wurde er in den Schleswig-Holsteinischen Landtag gewählt. Von 1970 bis 1973 war er Vorsitzender der CDU-Landtagsfraktion und wurde anschließend Finanzminister. Lange Zeit galt er als Nachfolger von Gerhard Stoltenberg im Amt des Regierungschefs, doch da Stoltenberg offensichtlich Uwe Barschel bevorzugte, wechselte Lausen 1979 an die Spitze der Landesbank. Wegen Meinungsverschiedenheiten mit der Landesregierung über die Zukunft der Landesbank trat Lausen Ende Juli 1992 von seinem Amt zurück.

Ein Mann für alle Fälle

Der traditionelle Segeltörn mit Gerhard Stoltenberg, Tyll Necker und Klaus Murmann steht noch bevor, aber schon jetzt sieht Gerd Lausen erholter aus als mancher Urlauber. „Hier ist es so ruhig, da muß man sich nachts ins Bein kneifen, um zu wissen, ob man noch da ist", sagt er, und aus dem großen Sessel im großen Zimmer blickt er durch die großen Scheiben auf einen großen Garten.

„Meine Entscheidung war richtig, ich habe sie nie bereut", sagt er, und die Rede ist vom Ausstieg aus der Politik. 1978 habe ihn Stoltenberg gefragt, ob Informationen zuträfen, daß er gerne Chef der Landesbank werden möchte. „Ich habe ihm gesagt: Wenn Sie mich so fragen, dann werde ich ausscheiden." Damals war Gerd Lausen ebenso energischer wie angesehener Finanzminister und für viele politisch unverkrampfte Parteifreunde der Hoffnungsträger der Landes-CDU. Einige Monate nach der ersten Anfrage habe ihn Stoltenberg wieder auf den Wechsel an die Spitze der Landesbank angesprochen. „Damit war mir klar, daß die Entscheidung über Gerhard Stoltenbergs Nachfolge zugunsten von Uwe Barschel gefallen war."

Gerd Lausen trägt ein Bild des Flensburger Malers Ekkehard Thieme herbei, das den Schatten einer Wolke und eine Steilküste zeigt. „Die meisten Leute können nichts damit anfangen, ich aber schätze es sehr", sagt er und möchte ein Urteil hören.

An den weißen Wänden hängen noch weitere Thiemes, und nur der Nolde-Kopf ist nicht echt. Neben der bildenden Kunst schätzt Gerd Lausen klassische Musik, und daher sorgt er sich um den Bestand des Schleswig-Holstein Musik Festivals. Mit dem Kartenverkauf werde es sich nicht über Wasser halten. Neue Sponsoren seien notwendig, und die Veranstalter sollten endlich die Zahl der Konzerte verringern. Dann sagt er auch noch etwas über Justus Frantz, aber das soll nicht veröffentlicht werden.

Von dem 1980 am Kieler Niemannsweg gebauten Haus könnte Gerd Lausen in fünf Minuten das Landeshaus erreichen, aber er ist überzeugt, daß er für die CDU-Spitze nicht die richtige Lösung gewesen wäre.

Ihm liege die harte parteipolitische Auseinandersetzung nun einmal nicht, und er sei in der Partei auch nicht so tief verankert gewesen. Er habe sich immer bemüht, menschliche Kontakte über Parteigrenzen hinaus zu pflegen, und als Beispiele für SPD-Politiker, die er stets sehr geschätzt habe, nennt er Kurt Hamer und Kurt Schulz.

Es sei beklagenswert, daß sich bestimmte Bevölkerungsgruppen heute nicht mehr für die Politik entschieden. Das habe gerade in den Länderparlamenten zu einem Qualitätsverlust geführt, meint Lausen, und die Leistungsträger der Kieler CDU-Oppositionsfraktion zählt er an einer Hand auf.

Auf die Frage, ob das Geldwesen nicht eine Fortsetzung der Politik mit anderen Mitteln sei, erklärt Gerd Lausen den Unterschied: Der Stil sei völlig anders, und während man in der Politik ständig auf offener Bühne agieren müsse, tage der Vorstand einer Bank eben nicht auf dem Marktplatz.

Das neue Buch von Boris Jelzin gefällt ihm, auch Helmut Schmidts Erinnerung an Menschen und Mächte. Früher habe er auch noch Siegfried Lenz gelesen, aber jetzt fehle einfach die Zeit, sagt Gerd Lausen, und nach einer Stunde merkt man ihm an, daß Termine drängen.

Wer Chef der mächtigen Landesbank ist, dem werden ganz automatisch zusätzliche Lasten umgehängt. Dazu gehört vor allem der Aufsichtsratsvorsitz bei der 45000 Mitarbeiter zählenden Lufthansa. Dem Unternehmen werde der Wind gewaltig ins Gesicht blasen, prophezeit Lausen und spricht von den geplanten Investitionen in Höhe von 9,5 Milliarden Mark, wie andere Leute über ihren Monatslohn.

„Mit 50 muß noch einmal ein beruflicher Neuanfang kommen“, hat sich Lausen schon beim Wechsel vom Flensburger Landratsposten in die Landespolitik vorgenommen. „Wenn man nicht alle zehn bis zwölf Jahre etwas Neues anpacke, geht die Motivation verloren“, sagt er.

Dann berichtet er, wie er 1970 nach Bonn geflogen sei, um Gerhard Stoltenberg zu beknien, in den Norden zu kommen, um die CDU vor der Niederlage gegen Jochen Steffen zu retten. „Er wollte nicht, es war ein schweres Stück Arbeit.“

Helmut Lemke neben Ahnen und Vorbildern

Helmut Lemke, geboren 1907 in Kiel, gestorben 1990. Nach dem Studium der Rechts- und Staatswissenschaften war Lemke Bürgermeister in Eckernförde und Schleswig. 1954 wurde er für die CDU in den Schleswig-Holsteinischen Landtag gewählt und übernahm noch im gleichen Jahr das Amt des Kultusministers. Von 1955 bis 1963 war er Innenminister und anschließend bis 1971 Ministerpräsident. Nachdem er dieses Amt gegen seinen Willen an Gerhard Stoltenberg abtreten mußte, wurde er Landtagspräsident, 1983 zog er sich aus der Politik zurück und lebte bis zu seinem Tod in Lübeck.

Nur die Schauspieler wechseln

120

Das Foto mache man am besten neben dem Adenauer-Bild, empfiehlt Helmut Lemke, und als erstes fragt er, ob der Artikel als Nachruf gedacht sei. Mit seinen fast 83 Jahren wirkt er robust, wie er schon immer war, nur die modische Krawatte könnte ein Tribut an den Fortschritt sein.

„Die Stücke sind stets die gleichen, nur die Schauspieler wechseln“, kommentiert er die politische Lage und möchte das Gespräch mit der Deutschlandpolitik beginnen. Wichtig sei vor allem die Bindung an den Westen, „damit die Werte erhalten bleiben“. Und Helmut Kohl habe eben an die Wahl zu denken, und daher müsse er auf die Vertriebenen Rücksicht nehmen.

Zu einem Friedensvertrag dürfe es jedenfalls nicht kommen, weil dann vielleicht hundert Staaten Reparationsforderungen stellen könnten. Und daß er mit Helmut Kohl wirklich befreundet ist, kann Helmut Lemke anhand des Fotoalbums beweisen. Dort sind unter dem Datum vom 20. August 1989 zwei Farbabzüge eingeklebt, die ihn im Lübecker Dom beim Händedruck mit dem Kanzler zeigen.

„Gott, Familie und Deutschland haben im Mittelpunkt meines Lebens gestanden“, sagt Helmut Lemke, und er sei der erste gewesen, der 1976 den Wahlslogan „Freiheit statt Sozialismus“ benutzt habe. Und jetzt könne man sehen, wie richtig diese Aussage gewesen sei.

Die deutsch-deutsche Vereinigung nennt Helmut Lemke ein „köstliches Geschenk des Himmels“, und auf seine Frage „Ist das deutsche Volk nicht fabelhaft?“ erwartet er keine Antwort.

Der Name Stoltenberg fällt zuerst bei der Aufzählung, wann mit der öffentlichen Verschwendung im Lande begonnen worden sei. Er, Helmut Lemke, sei noch ein Preuße, der Sparsamkeit gelernt habe. Zwölf

Mitarbeiter in der Kieler Staatskanzlei und alles sei gut gelaufen. Sein Nachfolger habe an die 50 Leute beschäftigt und Uwe Barschel sogar noch mehr.

Politisch sei man natürlich immer auf einer Linie gewesen, aber statt ihn 1971 aus dem Amt zu drängen, hätte Stoltenberg doch vier Jahre warten können. Weitere Erklärungen möchte er zu diesem Thema nicht abgeben, sagt Helmut Lemke, will dann aber doch noch auf die Unterschiede beim Regieren hinweisen: Er sei ein Mensch, der schnell zu entscheiden pflege, wenngleich zuweilen falsch. Stoltenberg dagegen denke sehr klug über alles nach, „aber dann kommt nichts".

Das Schulheft mit dem blauen Einband holt Helmut Lemke, als er beweisen will, daß er bei seiner Wahl zum schleswig-holsteinischen Ministerpräsidenten im Jahre 1963 wirklich nur drei Gegenstimmen hinnehmen mußte. „Das hat es in Deutschland noch nicht gegeben", sagt er, und in dem Heft befindet sich auch ein Zeitungsartikel über den Abschied der Garderobenfrau im Kieler Schloß, in dem die angehende Pensionärin verrät, daß Helmut Lemke zu den Menschen gehört habe, „die neben dem Mantel auch stets ein gutes Wort abgegeben haben". So etwas freue ihn mehr als ein Schreiben des Bundespräsidenten zum Geburtstag.

Das blaue Heft trägt den Arbeitstitel „Erinnerungen, Gedanken und Erfolge", und zum 100. Geburtstag des Autors im Jahre 2007 darf sein Inhalt veröffentlicht werden.

Wie er zusammen mit Kai-Uwe von Hassel, dem zweiten Ehrenvorsitzenden der schleswig-holsteinischen CDU, den neuen Landesvorsitzenden Ottfried Hennig aus der Taufe gehoben hat, verrät Helmut Lemke aber schon jetzt. Alles sei mit Helmut Kohl abgestimmt worden, mündlich und schriftlich. Der Kanzler sei jedenfalls nicht dagegen gewesen. Als er ihn bei einem Treffen in die Ecke gezogen und befragt habe, will Helmut Lemke vom Regierungschef sogar Einverständnis gespürt haben. „Es war eine richtige Entscheidung", sagt Helmut

Lemke, „aber Hennig muß sich noch Mühe geben, denn ich habe keinen anderen."

Und einmal beim Thema Personal angelangt, rückt Helmut Lemke den Stuhl näher und verrät, daß er zu Jochen Steffen ein gutes Verhältnis gehabt habe. „Er war doch bei mir Rekrut." Bekämpft habe man sich nur auf der Straße, und zusammen mit Steffen habe er doch das Kernkraftwerk Brunsbüttel durchgesetzt. „Wir pflegten schon politische Kultur, da gab es dieses Wort noch gar nicht", sagt Helmut Lemke, und wenn er sich bescheinigt: „Ich habe sehr viele Erfolge gehabt, und bin auch heute noch in der Bevölkerung beliebt", so klingt diese Selbsteinschätzung bei ihm deshalb ehrlich, weil er nur ausspricht, was andere Berufskollegen denken.

Es machen heute zu viele ungelernte Leute Politik, bestätigt Ehefrau Annemarie, und dann fügt sie hinzu: „Der Nell-Breuning ist gerade 100 geworden, da haben wir ja vielleicht noch etwas Zeit".

P. S.: Fünf Wochen nach dem Gespräch verstarb Helmut Lemke überraschend.

Siegfried Lenz: ein Markenzeichen

Siegfried Lenz wurde 1926 in Lyck (Ostpreußen) geboren. Er wollte Lehrer werden, wurde dann aber Journalist und 1951 Schriftsteller. Sein erster ganz großer Erfolg war der Roman „Deutschstunde“, der am Beispiel des Malers Emil Nolde den Konflikt zwischen Macht und Kunst aufzeigt. Es folgten „Das Vorbild“, „Heimatmuseum“, „Der Verlust“, „Der Exerzierplatz“ und „Die Klangprobe“.

124 „Über Schnee schreibt man am besten im Sommer“

Auf die telefonische Anfrage, wann man sich treffen könne, sagt Siegfried Lenz: „In einer Stunde im Hotel Wikingerhof in Kropp.“ Von seinem Haus in Tetenhusen braucht Siegfried Lenz mit seinem dunkelblauen BMW knapp fünf Minuten, und zwei Minuten vor der vereinbarten Zeit steht er vor der Tür. „Es ist hier sehr schön“, sagt er, und in der einen Hand trägt er die Pfeifentasche, während er mit der anderen das mitgebrachte Gastgebergeschenk überreicht. „Elfenbeinturm und Barrikade“, eine Sammlung von Reden und Aufsätzen aus dem Jahre 1983. „Ich glaube nicht, daß die Verhältnisse durch Literatur verändert werden können“, das sei eine These, die in dem Buch in mehreren Beiträgen variiert werde.

Obgleich er nicht zum erstenmal im Wikinghof ist, fragt er die Wirtin schon an der Tür, ob er auch rauchen dürfe. Zum Kaffee wählt er Sachertorte, und als erstes berichtet er, wie er mit seiner Frau Liselotte nach Schleswig-Holstein gekommen ist.

Im kleinen Haus auf der kleinen dänischen Insel Alsen sei der Schlafraum nur über eine steile Außenleiter zu erreichen gewesen, im Lauf der Jahre sei das etwas lästig geworden, ein ebenerdiges Haus mit etwas Grund und Boden habe man daher als Ersatz gesucht und gefunden. Der Kauf aber sei trotz des persönlichen Einsatzes prominenter dänischer Politiker gescheitert, weil keine Immobilien an Ausländer vergeben werden dürften.

„Eigentlich wollten wir ans Wasser, aber die angebotenen drei Häuser an der Schlei waren zu laut.“ Ob es nicht etwas Stilleres gebe, habe er den Makler gefragt, und der habe daraufhin sehr günstig den von der Natur versteckten Bungalow bei Tetenhusen angeboten. Mitten im regnerischen November sei er mit seiner Frau beim ersten Anblick des Objektes einig gewesen: „Genau das ist es."

„Wie die agrarisch strukturierte Gesellschaft uns wohl aufnimmt, haben wir uns zunächst etwas beklommen gefragt", aber der Empfang durch die Nachbarn sei geradezu überwältigend gewesen. Erdbeeren, Kartoffeln, Gemüse seien als Gastgeschenke gebracht worden, und die ganze Umgebung habe man vorgeführt bekommen. „Zugeknöpft wie ein Austerndeckel sollen die Schleswig-Holsteiner sein? Nein, keine Spur davon." Seit „diesem Glücksfall" lebt das unzertrennbare Ehepaar die winterliche Hälfte des Jahres in Hamburg und den sommerlichen Teil in Schleswig-Holstein.

Siegfried Lenz raucht die Pfeife so rücksichtsvoll, daß man kaum den Rauch spürt, und ehe er die zweite Füllung anzündet, fragt er wieder, ob es wirklich nicht störe.

Die Wochen in Tetenhusen nennt Siegfried Lenz „meine tabuisierte Zeit", in der ihn möglichst wenig stören soll. „Ich mache morgens die Augen auf und bin auf unerträgliche Weise wach", sagt er. Von 8.30 bis 13 Uhr schreibe er, und nach einem Spaziergang setzt er sich mit dem „zweiten Wind" von 15.30 bis 18.30 Uhr noch einmal an den Schreibtisch. Mit einer Seite pro Tag sei er zufrieden, und mit diesem Pensum gleicht er seinem Vorbild Thomas Mann und unterscheidet sich von Heinrich Böll, der zwanzig Seiten schaffte, dann aber oft mehrere Tage pausierte.

„Ich schreibe nur mit der Hand, das Ergebnis überträgt meine Frau, und ehe ich anfange, ist der Ablauf im Kopf weitgehend festgelegt. Man muß wissen, wohin der Pfeil geht", aber gleichzeitig müsse auch noch etwas Freiraum offengelassen werden.

An der gerade fertiggestellten „Klangprobe" hat er dreieinhalb Jahre gearbeitet, an der „Deutschstunde" waren es vier und am „Heimatmuseum" fünf. Jetzt müsse er erst einmal Luft holen.

Ob nach einem solchen Einsatz die Kritik nicht

besonders schmerze? „Ich übe keine Kritik an Kritikern“, sagt er, und er lege sich nicht wie Thomas Mann ins Bett und balle unter der Decke die Faust. Er habe auch nichts dagegen, wenn ihm jemand nachweise, daß er das angestrebte Ziel nicht erreicht habe, aber man müsse schließlich nicht niedergemacht werden. Ja, damit sei „Der Spiegel“ gemeint. Gerade im Ausland gebe es aber auch sehr viele gute Kritiken, fügt er hinzu. „Ich habe eine eigenartige Maxime, und die heißt: unbekümmert weitermachen, unabhängig von Zustimmung oder Mißbilligung.“ Am Gesamtwerk werde sich zeigen, daß sich jedes Buch gelohnt habe.

Ob nicht einige Passagen der „Klangprobe“ etwas sehr konstruiert wirkten? Zum Beispiel die Ehrung der Hauptperson Jan Bode als 100000. Besucher der örtlichen Badeanstalt? Ja, er könne diesen Einwand verstehen, sagt Siegfried Lenz, aber es sei ein Stilmittel, er habe dem Leser eine Atempause gönnen wollen.

Während Siegfried Lenz die Pfeife zum dritten Mal füllt, tritt eine junge Frau an den Tisch und fragt: „Sind Sie nicht der Dichter Lenz? Sie sind es doch, oder?“ Der so abrupt Angesprochene antwortet eine Spur verlegen: „Ich trinke hier nur Kaffee.“ Die Frau nimmt dies als Geständnis und geht wortlos an ihren Tisch zurück.

„Ich weiß jeden Tag genau, was ich zu machen habe“, nimmt Siegfried Lenz den Faden wieder auf, seine Frau habe einmal sehr zutreffend formuliert, das Schreiben sei für ihn „ein Geländer durch die Zeit“. Er höre immer dann auf zu arbeiten, wenn er eigentlich noch große Lust habe weiterzumachen. „Wir besitzen hier kein Fernsehgerät“, sagt er, und die Abende seien wunderbar, weil man dann gemeinsam drei Stunden lesen könne. Er selbst genieße gerade den wenig bekannten, 1984 verstorbenen Schriftsteller Franz Fühmann, und seine Frau lese ihm auf englisch Arthur Millers Memoiren „Timebends“ vor. Das sei ein Prachtbuch und fördere die Sprachkenntnisse.

Warum ausgerechnet „Die Klangprobe“, die in

Schleswig-Holstein entstanden ist, im Gegensatz zu den vorangegangenen Romanen nicht in Schleswig-Holstein spiele? Siegfried Lenz meint: „Was die Phantasie belebt, ist das jeweils Abwesende. Über Schnee schreibt man am besten im Sommer." Und ob nach dem tragischen Unfall, dem die kleine Hauptperson in der „Klangprobe" zum Opfer fällt, in einem kommenden Roman vielleicht gar ein Mordfall zu erwarten sei? Lenz verspricht Enthaltsamkeit: „Entweder man mordet so elegant wie Agatha Christie, oder man läßt die Finger davon."

In seinem Garten hat Siegfried Lenz mehr als hundert Bäume gepflanzt; Koreatannen, Weißfichten, Bergahorn und auch eine Sequoia, die zweitausend Jahre alt und 150 Meter hoch werden soll, und als Beispiel für den technischen Fortschritt berichtet er, daß sein Verleger im Auto einen Computer hat, der ihn über Bildschirm zu jedem gewünschten Ziel leitet. Auch nach Tetenhusen.

„Wir fühlen uns hier sehr wohl", sagt er, und um zu erfahren, wo er eigentlich lebe, hat er das tausendseitige Lebenswerk des Kropper Lehrers Otto Claussen über die erste Besiedlung des Landes gelesen. Ein wunderbar aufregendes Buch sei es, und überrascht habe ihn, wie jung das Land noch sei. Ob er schon einen neuen Roman im Kopf habe? Nein, sagt er, nur einige kleinere Arbeiten, auch etwas zu Ehren von Helmut Schmidt.

Nach zwei Stunden packt Siegfried Lenz mit höflicher Zurückhaltung die ziemlich große Pfeife in die Ledertasche, streicht einige Tabakkrümel von der Tischdecke und bläst die Flamme der Kerze aus. „Ich bin ein ordnungsliebender Mensch", sagt er. Wie zur Entschuldigung.

Klaus Looft auf der Kirchwarft

Klaus Looft, Jahrgang 1940, war zunächst Pastor in einem Hochhausgebiet von Hannover, wechselte nach Antwerpen und übernahm anschließend eine Gemeinde im Bereich der Großindustrie von Stade. 1987 wurde er Pastor auf Hallig Hooge, wo er nicht nur predigt, sondern auch malt und schreibt.

Die Menschen auf der Hallig bilden eine „gläserne Gesellschaft“, sagt Klaus Looft. Jeder wisse alles über den anderen. Das sei schön und schwierig zugleich.

Den Kaffee serviert der Gastgeber im Wintergarten, hier hatte auch Emil Nolde gesessen, als er Ostern 1919 von Föhr herübergerudert war. Von dem kleinen Anbau am großen Pfarrhaus auf der Hooger Kirchwarft blickt man geradeaus auf die Backenswarft. Man sieht auch die Männer von der Post, die das von der letzten Flut beschädigte Telefonkabel reparieren. An der anderen Seite wechseln Monteure die rostzerfressenen Heizungsrohre aus, und in der Kirche beseitigen Maler die Feuchtigkeitsschäden.

Vor der Kirchentür liegen Sandsäcke, und Klaus Looft zeigt auf den bunten Lindwurm, der sich langgezogen aus der Ferne nähert.

Im Sommer kommen täglich an die 2000 Tagesgäste nach Hooge. „Man kann Gott hier sehr transparent machen“, sagt Klaus Looft als Begründung dafür, daß er in der Saison pro Tag ein Dutzend Ansprachen hält.

An diesem stürmischen Wintertag haben sich nur zwei Berliner Schulklassen auf die Hallig verirrt. Der Kaufmann hat geschlossen, die sieben Gaststätten machen ohnehin Betriebsferien, und so endet der Lindwurm, nachdem er seine hundert Stiefel an der Tür abgelegt hat, im wärmenden Wohnzimmer des Pastorats.

Dort erzählt Klaus Looft, wie die Halligleute nach der großen Manndränke des Jahres 1634 plötzlich keine Kirche hatten, weil Pellworm nicht mehr erreichbar war, wie sie aus den Trümmern der im Sturm versunkenen Gotteshäuser Balken, Steine und Einrichtungsgegenstände sammelten und sich auf Hooge eine eigene Kirche bauten.

Die Kinder hören so aufmerksam zu, daß man aus dem Nebenraum den Stieglitz, den Sperling und die anderen Vögel in ihren Käfigen hört. Alles aufgenommene Individuen, die gar nicht mehr frei sein wollen. „Bei Sturmflut schlägt das Herz höher", gesteht Klaus Looft. Als er sein erstes Landunter erlebte, rief er besorgt den Bürgermeister an und meldete: „Das Wasser kommt, was soll ich machen." Die Antwort beruhigte: „Nichts, die Kirche hat Sandfußboden, es versickert."

Bei Flut herrscht ein „angstfreies Verhältnis zwischen Mensch und Tier", hat Klaus Looft festgestellt, und wenn er gegen die Hauswand gepreßt, die Lage der Sandsäcke prüft, dann bietet sein Arm für einen verängstigten Vogel eine rettende Zuflucht.

Auf Hooge leben derzeit 130 Menschen, und ehe Klaus Looft die Kirchwarft bezog, war er in Antwerpen, Brüssel und in Bützfleth bei Stade als Seelsorger tätig. „Menschen, die geographisch am Rande leben, sind sehr wach und haben eine besondere Lebenseinstellung", sagt er und hat auf diesem Außenposten der Natur die Erfahrung gemacht, daß bei den Menschen viel Religion abrufbereit sei, „da das Religiöse in vielen Fällen nur verkrustet ist".

Im Sommer drängen nicht selten 300 Urlauber in die Kirche, im Winter kommt manchmal ein alter Fischer, sitzt schweigend zehn Minuten im Wohnzimmer und sagt dann: „Ich wollte nur mal danken", dann steht er auf und geht wieder.

Zum Kindergottesdienst holt Klaus Looft sich am Montag mit seinem roten Renault den Nachwuchs aus den umliegenden Häusern ab. Einige bringen Käse mit, um die Kirchmaus zu füttern. „Das ist notwendig", sagt Klaus Looft. Im Sommer befährt er mit den Kindern im Schlauchboot den die Hallig durchziehenden großen Priel und erzählt dabei die Geschichte von Jesus als Steuermann. Wenn eine Feuerwehrübung angekündigt ist, und Klaus Looft auch nur eine Minute zu spät kommt, dann wird er vom Kameraden Wehrführer ermahnt.

Vier Kilometer weit im Watt auf Norderoog lebt im

Sommer der Vogelwärter Martin, für dessen Seelenheil Klaus Looft ebenfalls zuständig ist, und da er den Amtsbruder auf Hallig Langeneß zu vertreten hat, ist er außerdem auch in die Bedienung der Lore eingeweiht, mit der sich bei ruhiger See über einen Schienenstrang das Festland erreichen läßt.

Seit dem Bau der Kirchwarft nach der großen Manndränke ist das Archiv der Hallig fast vollständig erhalten, und bei Sturmflut ist Klaus Looft verpflichtet, die wertvollen Dokumente auf den Boden zu retten. Sein berühmter Amtsvorgänger Dr. Koch, der als Rechtsanwalt alte Prozesse gegen den Kollegen Theodor Storm gewann, dafür aber an der Aufgabe scheiterte, die Halligbewohner von Alkohol zu entwöhnen, hat aber leider die Akten aus seiner Dienstzeit mitgenommen.

Im Winter kann man hier lange nachdenken, sagt Klaus Looft, und fragt man ihn, ob er auf Hooge bleiben werde, antwortet er: „Mein Versuch ist auf Dauer angelegt."

Karl Otto Meyer: für jede Gelegenheit ein Schreibgerät

Karl Otto Meyer, geboren 1928, war zunächst Lehrer an dänischen Privatschulen in Husum und Schafflund, dann von 1963 bis 1983 Chefredakteur von Flensborg AVIS, der Zeitung der dänischen Minderheit. Seit 1971 vertritt er die rund 50 000 Mitglieder zählende dänische Minderheit in Schleswig-Holstein im Kieler Landtag.

Zwischen Politik und Schafen

Äußerlich unterscheidet sich das Wohnhaus der Familie Meyer in Schafflund kaum von der Nachbarschaft, aber nach dem Eintreten ist der Besucher sogleich in Dänemark. Nicht nur wegen der gerahmten Königin und des aufgezogenen Dannebrogs, sondern vor allem wegen der nordischen Behaglichkeit.

Karl Otto Meyer sagt, er wollte eigentlich Bauer werden, und dann erzählt er die Geschichte von der rotbunten Hereford-Kuh Caroline, die er von der Familie zum 60. Geburtstag erhalten hat. Zum Nachbarbullen sei sie über den Zaun gestiegen und prompt mit den unvermeidlichen Folgen eines solchen Seitensprungs zurückgekommen. Auf mehreren Wiesen in der Nachbarschaft hält sich Karl Otto Meyer außerdem ein Dutzend Schafe, und damit er ungestört dem politischen Handwerk nachgehen kann, hat er den ihm halbtags zustehenden Fahrer privat für die zweite Tageshälfte als Gärtner und Tierpfleger engagiert. „Ich kann mit jedem Bauern über die Preise reden", sagt er und blickt dabei gleich zweimal auf seine von Andy Warhol gemalte Königin: Einmal persönlich und das zweite Mal aus dem Rahmen eines Portrait, das ihn in den Anfangsjahren als SSW-Politiker zeigt.

Wenn er schon nicht Bauer werden konnte, dann wollte er jedenfalls in die Politik. Und das entsprechende Schlüsselerlebnis datiert Meyer auf das Jahr 1942, als er 14jährig mit der Schulklasse das dänische Parlament in Kopenhagen besuchte, zielstrebig in der ersten Reihe Platz nahm, und sogleich beschloß, Politiker zu werden.

Drei Jahre später trug er statt dessen die inzwischen verblichene blau-weiß-rote Armbinde, die wie eine Reliquie im Wohnzimmer hängt. „Das war meine Uniform", sagt Karl Otto Meyer, und er erzählt, wie er vom deutschen Soldaten zum dänischen Widerstandskämpfer wurde. Nach Flensburg sei er beordert worden, um sich einer neuen Einheit zu stellen, doch statt dessen habe er sich nach Fünen abgesetzt, um unter drei verschiedenen Decknamen gegen die deutschen Besatzer in Dänemark zu kämpfen.

Karl Otto Meyer berichtet von dieser Zeit nicht mit glänzenden Augen, sondern distanziert, als ob er aus dem Leben eines anderen erzähle, und auch die Geschichte, wie er vom schleswig-holsteinischen Kultusminister Paul Pagel 1952 aus dem Schuldienst gejagt wurde, weil er in Sonderburg eine Rede gegen die deutsche Wiederbewaffnung gehalten hat, kann ihn nicht mehr bewegen.

„Das hat großes Aufsehen erregt", sagt er nur, und versöhnt habe ihn der Sieg vor dem Lüneburger Oberverwaltungsgericht. Gerade hat er versucht, beim Kultusminister Akteneinsicht in die damalige Affäre zu erhalten, aber nur die Auskunft bekommen, daß die Unterlagen leider nicht mehr aufzufinden seien.

„1952 hat man mir bescheinigt, daß ich moralisch nicht geeignet sei, Kinder zu unterrichten, und heute sitze ich als Abgeordneter im Kontrollorgan für den Verfassungsschutz. Das ist doch wohl ein Aufstieg", sagt Karl Otto Meyer.

Auf die Frage, woran es eigentlich liege, daß er in der nicht sonderlich beliebten Kaste der Politiker als ehrliche Haut gehandelt wird, antwortet er: „Ich rede so, daß die Leute verstehen, was ich will. Man muß außerdem zu seinem Standpunkt stehen, auch wenn er unpopulär ist. Das wird vom Wähler honoriert."

Und wie immer, wenn Wahlen am fernen Horizont auftauchen, beginnt Karl Otto Meyer zu zählen und zu zittern. Für den Einzug in den Landtag braucht er mindestens 20000 Stimmen, und schon führt er mit merklicher Sorge an, was diese Quote behindern könnte: Der Wiedereinzug der FDP in den Landtag, eine hohe Wahlbeteiligung und die Zuwanderung von Aus- und Übersiedlern. „Das Mandat hängt am seidenen Faden“, sagt er, aber das sagt Karl Otto Meyer seit 20 Jahren.

Es wäre besser gewesen, wenn Björn Engholm das Bonner Amt als SPD-Vorsitzender nicht angenommen hätte, fügt er hinzu, aber damit ist für ihn die Sache erledigt.

Und Barschel? Er habe ihm so etwas nie zugetraut. Daß Barschel über die Minderheit ein Füllhorn ausgeschüttet hat, erklärt Karl Otto Meyer damit, daß der damalige Regierungschef erkannt habe, wie er am leichtesten aus dem großen Schatten seines Vorgängers Stoltenberg heraustreten konnte.

Für seine Reden hat sich Karl Otto Meyer gerade einen Computer angeschafft, den er jedoch noch nicht bedienen kann, und die sorgfältig an allen Türen des Hausflures befestigten 2400 Kugelschreiber sind von seiner Frau weitergesammelt worden, nachdem er 1972 den Grundstock gelegt hat.

„Ich mache sehr gerne Politik“, gesteht Karl Otto Meyer. Wie mit seiner Frau, so spricht er auch mit dem gerade heimkehrenden Sohn dänisch, und als er vor die Haustür tritt, schreien im Hof futterfordernd die Moschus-Enten. Natürlich auch auf dänisch.

Edgar Mrugalla: van Gogh aus dem Traktorschuppen

Edgar Mrugalla, geboren 1938 in Berlin, gilt als einer der erfolgreichsten deutschen Kunstfälscher. Ohne jegliche künstlerische Vorbildung begann Mrugalla als 31jähriger mit dem Fälschen von Bildern der berühmtesten Maler und „schuf" bis zu seiner Enttarnung 1987 in seinem Atelier in Fiel (Dithmarschen) nach eigenen Angaben etwa 3000 Fälschungen im Wert von 40 Millionen Mark.

Den Frust von der Birne gepinselt

Edgar Mrugalla steht zwischen seinen Gänsen und sagt: „Ich lebe immer im Ungewissen." Dann geht er voran in den alten Traktorschuppen, der mit Bildern überfüllt ist, aber gar nicht nach Arbeit aussieht. Links am Eingang hängen van Goghs „Schwertlilien", und nur wenn man ganz genau in die untere rechte Ecke blickt, sieht man den Namenszug „Cartouche", wie sich Edgar Mrugalla unter seinen Bildern nennt.

Für einen van Gogh verlangt Edgar Mrugalla heute 7000 bis 8000 Mark, und er geht davon aus, daß er 3000 Bilder gefälscht hat, die für etwa 40 Millionen Mark von Händlern verkauft worden sind. Seinen eigenen Schuldenstand beziffert er auf 400000 Mark, und das kleine Haus hinter den Gänsen ist zur Versteigerung ausgeschrieben. „Seit ich aufgeflogen bin, geht es mir besser", sagt Edgar Mrugalla, und vor der schon aufgespannten, aber noch leeren Leinwand liegt eine Farbaufnahme vom Apfelgarten eines Impressionisten. Der Auftraggeber hat das neue Werk schon angezahlt.

„Man muß sich den Frust von der Birne pinseln", sagt Mrugalla, und er lehnt schon seit einer Stunde am Kopiergerät, mit dem er die Picasso-Graphiken so gut fälschen kann, daß ihm die Direktorin des Louvres bescheinigt hat, sie seien „von den Originalen nicht zu unterscheiden".

Wie groß sein Anteil an den 40 Millionen ist? Auf Fragen dieser Art verliert Edgar Mrugalla fast ein wenig seinen Berliner Humor und zählt auf, wer ihn mit welchen Summen hereingelegt hat: 200 000 Mark hier, 100 000 Mark da und dann noch 70 000 und 60 000 und 30 000...

Je nach Stimmung braucht Mrugalla zwei Tage oder auch zwei Wochen für das Abmalen. Renoirs Idylle läuft bei ihm unter „Schmalzbilder". Lieber beschäftigt er sich mit Künstlern, „die die Wahrheit darstellen".

George Grosz liebt er vor allem. Vielleicht auch deshalb, weil er schnell und mühelos zu kopieren ist. Die alten Meister dagegen bedeuten Mühe. „Sie haben sehr langsam und sorgfältig gearbeitet und folglich kann man sie auch nur sehr langsam imitieren“, verrät Mrugalla. Für einen Caspar David Friedrich braucht er einen Monat.

Zum Glück sind „die alten Herren“ derzeit nicht gefragt. Die Kundschaft wünsche Farbenfrohes, was die Wohnung auflockere. Das bieten die Expressionisten mit dem flotten Strich, die sich ebenso schnell nacharbeiten lassen. An einem Tag ist ein Kandinsky fertig, vom Original natürlich nicht zu unterscheiden, nach dem „Auffliegen“ jedoch mit „Cartouche“ signiert. Weil seine Bilder in der Kunstwelt wie „der Treibsatz eines Geschosses“ eingeschlagen seien, erläutert Mrugalla die Übersetzung seines französischen Pseudonyms.

Und während der Regen gegen den alten Traktorschuppen schlägt und der Sturm an der Verkleidung zerrt, erzählt Edgar Mrugalla, wie er vom Heizer auf dem Dampfer „Potsdam“, der zwischen Stettin und Anklam verkehrte, zum Meisterfälscher aufgestiegen ist. Obwohl die Geschichte lang ist, erzählt er sie stehend, an das Kopiergerät gelehnt.

Die deutsche Kunstszene teilt Edgar Mrugalla in zwei Kategorien ein: Es gibt die große Mafia und es gibt die kleine. Zur Oberklasse zählt er den Kunsthandel und die Museen, und zur kleinen gehören nach seinen Erkenntnissen die Lieferanten. Man sehe sich den Kustos eines Museums bei der Einstellung an, sagt Edgar Mrugalla: abgelaufene Schuhe, schäbige Jacke. Zehn Jahre später sei er schnicke, und wohne in einem Penthouse. Doch nicht etwa vom Beamtengehalt?

Edgar Mrugalla gehört nur zu den Lieferanten, obwohl ihn weltweit dicke Überschriften als „Fälscher des Jahrhunderts“ bezeichnen, und wenn ihm jemand mit sicherem Beamtengehalt komisch kommt, dann kann er sich schon einmal vergessen. Im Rathaus seiner Kreisstadt Heide kippte er einem Beamten den Schreibtisch vor die Füße um, als er nicht die beantragte Sozialhilfe, sondern nur den Rat erhielt, er möge doch weiterfälschen.

Dieser Zwischenfall geschah kurz nachdem Edgar Mrugalla am 21. Oktober 1987 Besuch von einem Dutzend Kripobeamten bekommen hatte, die anschließend mit gut 600 Bildern, Marke Picasso, van Gogh, Renoir, Otto Müller und Liebermann davonzogen. Seither teilt er sein Leben in die Zeit vor und nach dem „Auffliegen" ein.

Anschließend verrät er, daß ein guter Maler nicht mehr als sechs Farben benötigt, und zur allgemeinen Lage des Kunstmarktes stellt er fest, es sei der Wurm drin. Die Leute glaubten, daß sie immer nur betrogen würden. Auch die Wiedervereinigung sei für ihn geschäftsschädigend, da jeder sein Geld nun in der DDR anlegen wolle.

In den Museen gebe es jede Menge Lichtsatz, und fast alles, was nach Emil Noldes Tod an Graphik gehandelt werde, sei gefälscht, und die vom New Yorker Metropolitan Museum of Art für 1,2 Millionen Mark gekaufte Rembrandt-Radierung sei eindeutig ein Mrugalla.

„Aber die siebente Wolke trägt keine Kohle", fügt er hinzu und gemeint ist: Das letzte Hemd hat keine Taschen.

Mrugalla verrät auch noch, daß er ein Fälschermuseum einrichten und seine Memoiren schreiben will. Obwohl die Kripo reiche Beute gemacht hat, besitzt er noch rund 100 Rembrandt-Graphiken und einiges mehr.

Auf einem Dachbalken des alten Traktorschuppens lagert das erste Bild, das er 1972 gemalt hat, und es ist kaum zu glauben, daß zwischen diesem Familienschinken und den ersten Fälschungen nur wenige Jahre liegen.

Wenn das Haus wirklich versteigert werden sollte, will Edgar Mrugalla in die Karibik ziehen. Es gebe von dort ein Angebot, und schlechter als hier werde es ihm und seiner Familie dort bestimmt nicht gehen.

Die Gänse scheinen zu ahnen, was das für sie bedeuten würde, denn sie schreien lauter als zuvor, und außer ihnen gefällt das Anwesen in der Ortsmitte der 150-Seelen-Gemeinde Fiel bestimmt niemandem.

Auf die Frage, mit wieviel Jahren er vor Gericht rechnet, mag sich Edgar Mrugalla nicht festlegen. „Ich bin unruhig“, sagt er.

P. S.: Im Herbst 1990 wurde Edgar Mrugalla vom Amtsgericht Meldorf zu einer zweijährigen Gefängnisstrafe verurteilt. Das Haus wurde wirklich versteigert, aber von Frau Mrugalla gekauft, und daher zog der Meisterfälscher auch nicht in die Karibik.

Der Altmeister im Freizeitlook: Egon Müller

Egon Müller, Jahrgang 1948, hat mit seinem Motorrad über fast zwei Jahrzehnte alle erreichbaren Titel eingefahren. Er war viermal Sandbahn- und Speedway-Weltmeister, außerdem achtmal Europameister und 17mal Deutscher Meister. Noch zahlreicher als die Ehrungen waren jedoch die Verletzungen.

Noch etwas Eisen im Fuß

142 „Das ist alles Disziplinsache“, sagt Egon Müller und zeigt seinen 51. Bruch, der den Mittelhandknochen betraf, aber unter Lappalie eingestuft wird. Geärgert hat ihn dagegen der horizontale Bruch des ersten Lendenwirbels, wodurch er vier Millimeter geschrumpft ist. „Weil ich ohnehin nur 1,64 Meter messe.“

Er zeigt auch den fünfmal gebrochenen rechten Fuß, dem man dieses Malheur wirklich nicht ansieht. Das ebenfalls fünffach gebrochene Knie kann er schon wieder so weit beugen, als wäre gar nichts gewesen. Dieser Fall gehört eigentlich auch gar nicht in die berufliche Bruchliste, denn er passierte, als Egon Müller als Fußgänger von einem Auto angefahren wurde. Er kenne seinen Körper nach 17 Jahren als Berufsfahrer anatomisch sehr gut, und wenn er aus dem tiefen Sofa aufspringt, wirkt er wie ein völlig ungebrochener Mann.

Die 3000 gewonnenen Pokale hat Egon Müller auf Wohnung und Garage verteilt. Die größte Trophäe mißt eineinhalb Meter und kann einen Zentner wiegen, da der Fuß aus Granit besteht. „Ich habe immer Angst, daß bei mir eingebrochen wird“, sagt Egon Müller, und es ist das einzige Mal, daß er von Angst spricht.

Egon Müller steht am Ende seiner Karriere, und er sagt: „Es ist alles abgeflacht, die Höhen und die Tiefen. Ich freue mich nicht mehr so sehr und ärgere mich auch nicht mehr wie früher. Ich trage mich knallhart mit dem Gedanken aufzuhören, habe aber noch kein Nachfolgeprogramm.“ Um seine Popularität zu verdeutlichen, beruft er sich auf eine Umfrage, die ihm einen Wiedererkennungswert von 90 Prozent bescheinigt, während Bundeskanzler Kohl auch nur 96 Prozent erreicht habe.

Egon Müller blickt auf den fünffach gebrochenen Fuß und sagt: „Ich habe sehr viele Freunde, und wenn einer bei Hamburg liegen bleibt und mich anruft, dann schleppe ich ihn ab. Aber die Erfolglosen haben auf die Erfolgreichen immer einen Haß.“

Neben den in der Garage mit Plastik abgedeckten Pokalen steht ein Porsche, und vor der Tür der noch nicht ausgeladene Citroen für den Transport der beiden Rennmaschinen. Er habe noch ein bescheidenes Mietshaus, sagt Egon Müller, und nachdem sein Sohn Dirk nach einem Sturz eine Woche im Koma gelegen habe, dürfe er keine Rennen mehr fahren.

Dem Motorradsport gibt auch der Meister selbst keine allzu rosige Zukunft: „Das Leben ist hektisch genug, da wollen die Leute nicht auch noch am Wochenende Lärm."

14 Schallplatten hat Egon Müller bisher besungen, eine trägt den Titel „The Devil Wins", und der selbstverfaßten Pressemitteilung ist zu entnehmen, daß es sich dabei um eine Produktion handle, „die es in sich hat. Kaum ist der letzte Ton verklungen, verspürt man den unwiderstehlichen Drang, diese Platte noch einmal zu hören". Zwei Scheiben stuft er als Hit ein, und damit habe er die Produktionskosten der restlichen zwölf eingespielt.

Als Künstler nennt sich Egon Müller „Amadeus Liszt", und zu seinem Repertoire gehören nach eigenen Angaben 200 Musikbeiträge. Außerdem bietet er im Rahmen seines Showprogramms 100 Geschichten in sechs deutschen Mundarten sowie „auf englisch, skandinavisch und russisch".

„Ich hätte vor zehn Jahren mit dem Rennen aufhören und Musik machen sollen", sagt er, und um zu beweisen, daß er wirklich singen kann, trägt er über die Riesen-Lautsprecher Neil Diamonds Evergreen „What A Beautiful Noise" vor.

Es wisse eben kaum jemand, daß sein Vater Berufsmusiker gewesen sei, und bei zwölf Kindern habe das Geld für ein Radio gefehlt, daher habe die Familie immer selber musiziert.

„Singen macht die Stimme weich", sagt Egon Müller, und daher produziert er in der großen Wohnstube inmitten der Trophäen auch Werbespots, in denen er Autozubehör anpreist. „Ich könnte überall einsteigen", sagt er, aber er habe keine Lust, Helme oder ähnliches zu verkaufen, und manchmal denke er auch daran, nach Australien auszuwandern, weil dort das Klima besser als in Deutschland sei. Er war auch schon einmal längere Zeit in Neuseeland, dort aber habe er schon nach drei Monaten Heimweh bekommen.

Für das Kölner Style-Racing-Team fährt Egon Müller auch Autorennen, aber mit dem Mazda-Wankelmotor gebe es derzeit Probleme.

„Ich versuche jetzt, ein bißchen zu leben", sagt er, und beim Abschied empfiehlt er, vorsichtig zu fahren, denn man wisse heutzutage nie, ob man auch heil zu Hause ankomme.

Das Eisen in seinem fünffach gebrochenen Fuß will Egon Müller herausholen lassen, sobald er Zeit hat, und wenn er keine Zeit habe, dann schaffe der Porsche auch schon mal 300 km/h.

Klaus Murmann: immer dynamisch

Klaus Murmann, Jahrgang 1932, Studium der Rechtswissenschaften in Bonn, Harvard, Paris und Kiel. 1957 Promotion zum Dr. jur. Ab 1959 Geschäftsführender Gesellschafter von J. P. Sauer & Sohn GmbH. Seit 1981 Vorsitzender des Vorstandes der renommierten Maschinenbaufabrik Sauer Getriebe Neumünster und seit 1987 gleichzeitig Aufsichtsratsvorsitzender der Sauer-Sundstrand-Gruppe. Von 1975 -1987 Vorsitzender der Vereinigung der Schleswig-Holsteinischen Unternehmensverbände. Seit 1975 Mitglied des Präsidiums der Bundesvereinigung der Deutschen Arbeitgeberverbände, 1985 deren Vizepräsident, 1986 Präsident.

Auf der Kommandobrücke

Die schußsichere Glastür am Eingang kann Klaus Murmann aus sicherer Entfernung öffnen, und wenn sich die beiden großen Scheiben auseinanderschieben, ist der Besucher vom Wachzentrum ohnehin identifiziert worden. „Jetzt, wo die Kinder aus dem Haus sind, ist es hier fast etwas zu groß", sagt Klaus Murmann, und für den Ort des Gesprächs bestimmt er den runden rotlackierten Tisch, weil man sich dort am besten gegenübersitzen könne.

Hier habe auch der Bankier Ludwig Poullain gesessen, der ihm durch eine kühne Finanzierung den Aufbau eines Lebenswerkes erst ermöglicht habe. Aber auch der frühere DGB-Chef Ernst Breit, den er sehr schätze, sei hier gewesen. Und wenn sich Björn Engholms Verhältnis zur Wirtschaft verbessert hat, so führt der Gastgeber das auch mit auf den Besuch in der Villa über der Kieler Förde zurück.

Nach einer Veranstaltung im nahen Maritim-Hotel habe er den Kieler Regierungschef mit nach Hause genommen und mit der gewohnten Genauigkeit teilt Klaus Murmann den weiteren Verlauf des Abends in drei Phasen: Beim Anblick der über alle Wände verbreiteten modernen Kunst habe Engholm zunächst seine Befangenheit verloren. Kurz nach Mitternacht sei dann der damals 15jährige Sven nach Hause gekommen und habe sich mit an den Tisch gesetzt, und im Verlauf des Gesprächs habe Engholm zu Murmann junior einen Satz gesagt, den Murmann senior nie vergessen will: „Wenn dein Vater so redet, dann wirkt er sehr liberal, aber wenn er handelt, dann ist er viel konservativer". Klaus Murmann schenkt einen trockenen Sancerre nach und erkennt im Wein wieder einmal die Wahrheit: „Das ist so falsch nicht, was Engholm gesagt hat". Wenn es darum gehe, Pläne in Politik umzusetzen, werde man „von den Grausamkeiten der Realität ergriffen".

Unten auf der Förde gleitet lautlos und hellerleuchtet ein Fährschiff vorbei, und Klaus Murmann erläutert, jetzt sei es 19.30 Uhr, weil das Schiff vom Ablegen am Skandinavien-Kai eine halbe Stunde benötige. Die großflächigen Panoramascheiben um den roten Tisch vermitteln den Eindruck, als sitze man selbst auf einer Kommandobrücke, und ehe Klaus Murmann sein Traumhaus baute, stand an dieser Stelle die Jugendstilvilla des Kieler Reeders Karl Grammerstorf.

„Es ist eine Riesenproblematik, in der ich stehe" sagt Klaus Murmann, denn eigentlich habe er zwei Hauptberufe, die ihn zu 100 Prozent forderten. Der „Zeitkompromiß" sieht so aus, daß 60 Prozent für die Politik und 40 Prozent für das eigene Unternehmen verwendet werden, und jeden Tag müssen 60 bis 80 Prozent aller Terminwünsche abgelehnt werden.

Wer alles etwas von ihm wissen will, verdeutlicht Klaus Murmann nicht ohne Wohlgefallen am Beispiel des Tages. Mitten aus den Bonner Koalitionsverhandlungen habe ihn Hans Dietrich Genscher angerufen und nach einem Detail gefragt.

Er selbst habe mehrfach im Leben vor der Frage gestanden, in die Politik zu gehen. „Sie hat mich immer gereizt, und meine Freunde haben mir gesagt, daß ich über die richtige Mischung von Sachkompetenz und Wählbarkeit verfüge". Aber er habe sich einfach nicht von seinem Unternehmen trennen wollen. Zugleich aber beklagt Klaus Murmann auch „die totale Grausamkeit, die in der Politik exekutiert wird". Die Behandlung von Hans Apel durch die eigene Partei sei für ihn ein besonders abschreckendes Beispiel, und auf einen Zettel notiert er, daß Apels Memoiren dringend gelesen werden müssen.

Als ein Sohn aus Frankreich anruft, weist Klaus Murmann darauf hin, daß eine Tochter gerade nach New York geflogen ist, und das neben dem Panoramafenster hängende Bild von Friedrich Karl Gotsch habe er günstig in Paris ersteigert. Dort machte er bereits als Student die Bekanntschaft des damals noch unbekannten Ernst Günter Hansing, dem erjedes mal, wenn der Künstler in Geldschwierigkeiten gewesen sei, ein Bild abgekauft habe. Am Umfang der über das Haus verteilten Hansing-Werke läßt sich erkennen, daß die Notlage des inzwischen prominenten Malers einst groß gewesen sein muß.

Wie mächtig ein Arbeitgeberpräsident sei? Klaus Murmann antwortet ohne zu zögern: „Es ist ein sehr einflußreiches Amt". Er wisse allerdings immer noch nicht, ob seine Ansichten von 60 oder nur von 28 Prozent der Kollegen geteilt werden, und als wolle er die Konsensfähigkeit noch einmal testen, schlägt er vor, fünf Prozent aller Subventionen zu kürzen, um mit den Einsparungen die Entwicklung in der gewesenen DDR zu fördern.

Eine schnelle Angleichung der Löhne in Ost und West dagegen befürwortet er nur bei einigen Dienstleistungen, im Staatsbereich etwa bei den Lehrern. Bei der Produktivität in der Industrie dagegen erwartet er frühestens in vier Jahren einen Gleichstand, der dann auch gleiche Löhne möglich macht.

Als die vereinbarte Gesprächsrunde um 15 Minuten überzogen ist, sagt Klaus Murmann, man müsse jetzt zum Ende kommen, zumal er schon mehr Stoff geliefert habe, als für einen Artikel eigentlich nötig sei.

Auf dem Weg zur sichernden Glastür macht er noch auf das wertvolle Bild eines holländischen Meisters und auf den in der Nachbarschaft hängenden Chagall aufmerksam.

An dem großen roten Tisch über der friedlichen Förde hat auch einmal Hanns Martin Schleyer gesessen. Wenige Schritte vor der schützenden Glaswand bleibt Klaus Murmann stehen. Er sei durchaus risikobereit, sagt er, meint aber nur die Veröffentlichung über das abendliche Gespräch.

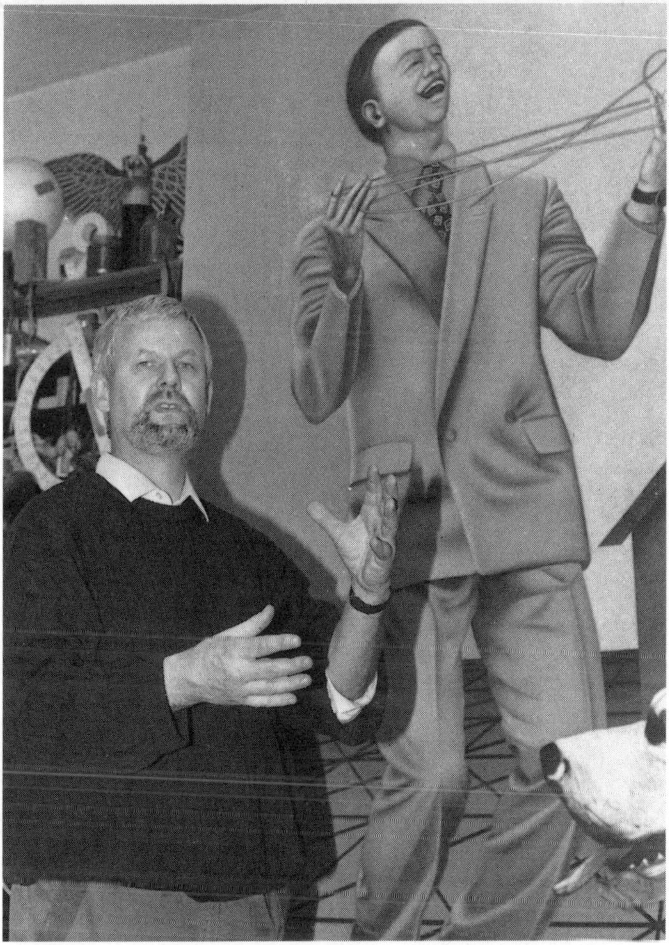

Der Künstler und seine Schöpfung: Peter Nagel

Peter Nagel, Jahrgang 1941, gilt als der prominenteste schleswig-holsteinische Maler und Graphiker, dessen Werke im In- und Ausland gefragt sind. 1965 gründete er die Gruppe ZEBRA, seit 1985 hat er als Nachfolger seines „Mit-Realisten“ Harald Duwe an der Kieler Fachhochschule eine Professur für Malerei. Zu seinen zahlreichen Auszeichnungen gehört der Kulturpreis der Stadt Kiel.

Wie Peter Nagel in der breiten Eingangstür der alten Dorfschule steht, könnte er auch der Lehrer sein. Aber es riecht nicht mehr nach Schule, wenngleich nur sehr wenig nach Farbe. 1972 hat Peter Nagel die Zwergschule gekauft, und für das einzige Klassenzimmer will er sich jetzt einen Holzfußboden leisten, weil er etwas Gewachsenes an die Stelle des grauen Linoleums legen möchte.

„Ich fühle mich wie ein Bundesligaspieler, von dem ständig Hochleistung gefordert wird", sagt er, und auf die Frage, welchen seiner heimischen Künstlerkollegen er ebenfalls in der höchsten Spielklasse ansiedeln möchte, nennt er ohne zu zögern Raffael Rheinsberg.

Aus den großen Fenstern des alten Klassenraumes blickt Peter Nagel auf den Spielplatz, und wenn die Jugend mit dem Fußball kommt, geht er zuweilen hinaus und spielt mit. Der Lärm störe ihn überhaupt nicht bei der Arbeit, sondern das Spiel rege an. Er sei auch noch aktives Mitglied der Altherrenmannschaft und behalte auf diese Weise den Kontakt zu den Mitmenschen.

„Ich möchte nicht im Elfenbeinturm sitzen und brauche Leben um mich herum", sagt Peter Nagel. Damit im Dorf keiner glaubt, er sei ein Paradiesvogel, lud er nach dem Einzug per Postwurfsendung alle Kleinflintbeker zu sich ein, und um zu beweisen, daß Kunst wirklich etwas Handfestes ist, schlug er, wie gewohnt, Hühnereier in die Farbe. Das habe die Leute beeindruckt.

Für das überlebensgroße Bild „Mann mit Hund", an dem er gerade malt, braucht Peter Nagel viel Gelb und drei Monate intensive Arbeit. Durch seine Lehrtätigkeit sei er wirtschaftlich unabhängig und daher nie auf den Verkauf von Bildern angewiesen, zumal von der Kunst in Schleswig-Holstein kaum jemand leben könne. Im gleichen Atemzug aber räumt Nagel ein, daß er zu den Ausnahmen gehöre.

Das „Schreiende Kind mit bunten Kegeln“ ist der Beweis dafür, daß er mehr als ein schleswig-holsteinischer Künstler ist. Er wolle wirklich nicht überheblich klingen, sagt Peter Nagel, aber es gebe keinen Kontinent, auf dem das 1966 gefertigte Bild nicht schon ausgestellt gewesen sei. „Ein gutes Kunstwerk muß man auch genießen können“, sagt er, es dürfe aber gleichzeitig nicht gemütlich sein, sondern sollte aufrütteln. Und er male realistisch, damit der Betrachter sich nicht mit der Ausrede davonstehlen könne, er habe die Botschaft nicht verstanden. Dennoch sei der Gegenstand auf dem Bild stets „nur die halbe Miete“. Anschließend müsse man „in die unteren Schichten“ des Kunstwerkes steigen.

Da durch die großen Scheiben auch viel Dunkelheit in den alten Klassenraum dringt, sorgen Neonröhren für gleichbleibende Helligkeit, und auf die Frage, warum er trotz des wachsenden Ruhmes Schleswig-Holstein treu geblieben sei, antwortet Peter Nagel, „ich verbringe etwa drei Monate im Jahr in der Toskana, und das ist so belebend, daß man anschließend das kühle Land und seine reservierten Menschen wieder schätzen lernt.“ Fern des Kunstbetriebes habe er im Norden außerdem eine innere Ruhe.

Aus dem alten Gruppenraum trägt Peter Nagel die Bilder „Mann mit Drachen“ und „Mädchen mit Fisch“ herbei und sagt: „Alle meine Bilder haben einen Erlebnishintergrund, und nichts ist grundsätzlich erfunden.“ Der sehr realistisch gestaltete Mann unter dem bunten Drachen zum Beispiel sei eine Erinnerung an die Kindheit in Angeln, als die großen Papierflugzeuge einen kleinen Peter schon einmal in die Luft heben konnten.

Um den zitronengelben Himmel über dem Mann mit dem Hund zu bemalen, muß Peter Nagel auf eine Leiter steigen, und für das Mädchen, das sich zu dem Fisch auf den blutroten Fliesen beugt, saß seine Tochter Modell. „Ich male keinen an Land gespülten Fisch mit Geschwüren, aber jeder kann auf dem Bild erkennen, daß

152

mit der Umwelt etwas nicht in Ordnung ist. Richtig einbrennen muß sich ein solches Bild."

Für ein Ölbild fordert und bekommt Peter Nagel etwa 25 000 Mark, und fragt man ihn, ob er mit den Werken etwas verändern wolle, antwortet er, er möchte nicht mit erhobenem Zeigefinger dastehen, das sei nicht Aufgabe der Kunst. Sie dürfe nur nachdenklich stimmen.

Nicht als Politiker bei einer Wahlrede sehe er sich, sondern eher wie ein guter Kabarettist. Ja, ein Dieter Hildebrandt möchte er sein, oder noch besser ein Loriot, und sogleich schiebt er das zebra-gestreifte Sofa unter den eigelb-gekleideten „Mann mit Hund".

„Ich habe zehn Bilder gleichzeitig im Kopf, die Themen liegen geradezu auf der Straße", sagt Peter Nagel und zerstreut die Befürchtung, das reichlich angerührte Gelb für den Mann mit dem Hund könne sich vorzeitig verfestigen. Einmal, da habe er allerdings wegen einer komplizierten Blaumischung von neun Uhr morgens bis zum nächsten Tag sechs Uhr in der Früh malen müssen.

Auch nach zwei Stunden bleibt der Eindruck, daß Peter Nagel mit dem weißen Hemdkragen sowie dem knapp gestutzten Bart für einen richtigen Künstler wirklich zu adrett aussieht.

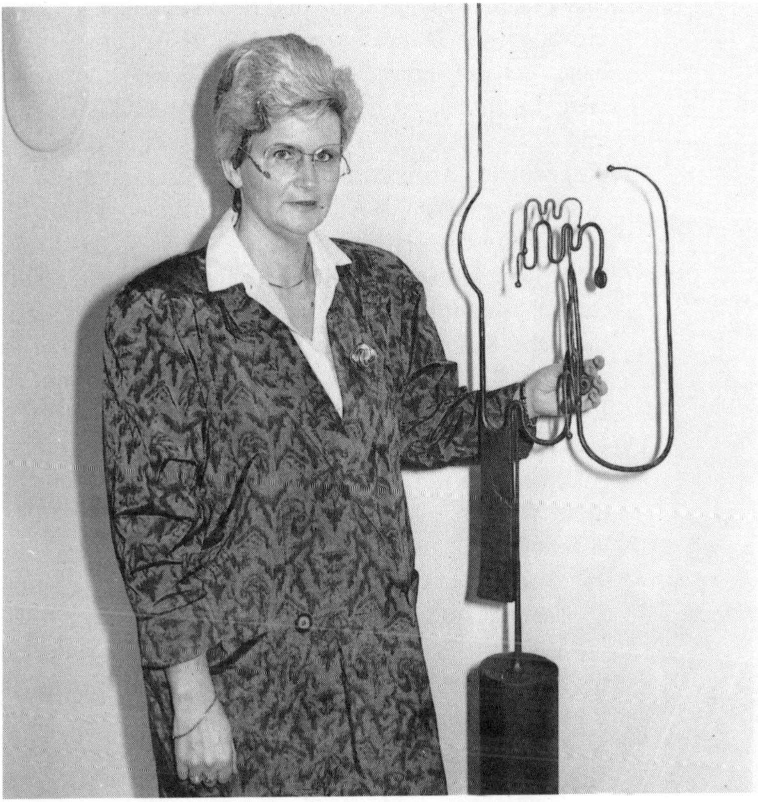

Kunst am Arbeitsplatz: Lianne Paulina-Mürl

Lianne-Maren Paulina-Mürl, Jahrgang 1944. Nach dem Studium der Rechts- und Staatswissenschaften war sie zunächst am Kieler Institut für Weltwirtschaft und anschließend als Dozentin an der Kieler Volkshochschule tätig. 1983 zog sie für die SPD in den Schleswig-Holsteinischen Landtag ein und wurde 1987 erste weibliche Landtagspräsidentin seit Bestehen des Parlaments.

Es seien wirklich Oleanderblätter auf dem Kunstwerk, sagt Lianne Paulina-Mürl, und räumt ein, daß sie jenes provozierende Doppelprojekt auch deshalb aufgestellt habe, um mit ihren Besuchern ins Gespräch zu kommen. Eigentlich ist das gesamte Büro ein Kunstwerk, und als die Präsidentin die getrockneten Äpfelringe und die gedörrten Aprikosenstücke vom Teller nimmt, möchte man sie warnen, doch in diesem Falle wird wirklich kein Kunstwerk zerstört.

Sie habe seit ihrer schweren Erkrankung keinen Kaffee mehr getrunken und sich außerdem ganz auf makrobiotische Kost umgestellt. Nur gekochter Fisch sei in geringen Mengen erlaubt, und wenn sie einem großen Essen vorsitze, dann bekomme sie einen Extra-Teller serviert.

Ohne auch nur einen Tag zu hungern, habe sie auf diese Weise sozusagen nebenbei auch noch 20 Pfund abgenommen, und sie kenne zwei hoffnungslose Fälle von Krebserkrankungen, bei denen ihre Körner- und Trockendiät zur Heilung geführt habe.

Als Lianne Paulina-Mürl das Dienstzimmer im ersten Stock des Kieler Landeshauses von ihrem Vorgänger Rudolf Titzck übernommen hatte, schob sie als erste Amtshandlung den Schreibtisch von der einen in die andere Ecke, damit der Weg von der Tür für die Besucher nicht so demütigend weit sei. Dann ließ sie die drei Standarten vom Schreibtisch einpacken und dem Vorgänger hinterherschicken. Jetzt steht dort eine getöpferte Hexe aus Edinburgh. Als die Putzfrauen die Figur das erste Mal sahen, „gab es einen Auflauf“, erinnert sich die Präsidentin. Und neben dem Schreibtisch liegt in Leder eingestanzt die Ernennung zum Ehrenhäuptling der Segeberger Karl-May-Festspiele. Unter Berufung auf diese feste Urkunde darf Lianne Paulina-Mürl sich dort „Ordnende Hand“ nennen, und diesen Ehrennamen findet sie sehr treffend, da sie ein Mensch mit Organisationstalent sei.

Die ersten beiden Jahre ihrer im Oktober 1987 begonnenen Amtszeit nennt Lianne Paulina-Mürl „sehr spannend“. Inzwischen sei manches zur Routine geworden.

Nein, sie denke wirklich nicht Tag und Nacht daran, wie sie Männer aus dem Landeshaus heraushalten könne, aber wenn sie eine Einladung mit der Kleiderordnung: dunkler Anzug, Uniform erhalte, dann pflege sie in ihrer Ansprache schon ein kritisches Wort fallen zu lassen.

Da ihr Dienstzimmer größer ist als das Wohnzimmer im Kronshagener Reihenhaus, hat die Präsidentin schon etwas abgehobene Parteifreunde aufgefordert, sie doch einmal zu Hause zu besuchen, um auf 22 Quadratmetern einmal wieder ihr sozialdemokratisches Klientel kennenzulernen. Und als vor einiger Zeit Sicherheitsglas eingebaut wurde, da fragten Nachbarn, warum sie als Präsidentin nicht ein ordentliches Haus beziehe.

Ob sie damit rechne, daß ihre Partei auch bei der nächsten Landtagswahl die absolute Mehrheit im Lande behält?

Lianne Paulina-Mürl überlegt länger als gewöhnlich und sagt: „Es müßte eigentlich noch reichen.“

Um 6.30 Uhr steht sie jeden Morgen auf, bereitet Sohn und Tochter für die Schule vor, und um 9.30 Uhr holt sie der Fahrer ins Büro, „damit dort der Apparat angeworfen werden kann“. Für die Kinder bleibt ein genauer Plan zurück, dem sie entnehmen können, wo die Mutter Präsidentin zu erreichen ist.

„Leute in herausgehobener Position müssen durch Täler hindurchgegangen sein“, sagt Lianne Paulina-Mürl, denn Führungsqualitäten könne man nicht durch Fachwissen erreichen. Mit Uwe Barschel sei es immer nur bergauf gegangen, und kurz vor seinem Tode habe sie gegenüber ihrer Mitarbeiterin nachweislich gesagt: „Hoffentlich hat er einen guten Freund, denn er ist stark selbstmordgefährdet.“

Man sollte im Landtag nicht länger als zehn Minuten reden, empfiehlt Lianne Paulina-Mürl, und man müsse sich auf eine einzige Botschaft konzentrieren.

Die Frage nach ihrem Hobby stellt sie selbst und nennt das Lesen: Vor allem Bücher über Philosophie, Religion, Psychologie und „anthroposophische Sachen". Sie sagt: „Man muß etwas aufnehmen, sonst wird man zum ausgewrungenen Schwamm."

Nach einer Stunde teilt das Vorzimmer mit, daß man jetzt zum Ende kommen müsse. Eine Präsidentin habe etwa doppelt soviel Arbeit wie eine normale Abgeordnete, erklärt Lianne Paulina-Mürl. Auch im Vorzimmer hängt noch viel Kunst und ebenfalls im Flur. Und im Erdgeschoß, wo die Luft für die richtige Kunst schon dünner wird, mußte der Kranz für die Kriegstoten den Portraits der Landtagspräsidenten weichen. Sieben hängen schon, und für Lianne Paulina-Mürl ist bereits ein Platz reserviert.

P. S.: Im Laufe des Jahres 1991 schritt die Krebserkrankung so voran, daß Lianne Paulina-Mürl ihr Amt nur noch mühsam ausüben konnte. Nach der Wahl vom 5. April 1992 nahm sie das ihr wieder zugefallene Landtagsmandat nicht mehr an. Am 27. Juli 1992 verstarb Lianne Paulina-Mürl.

Reiner Pfeiffer mit Terrier

Reiner Pfeiffer, Jahrgang 1939, begann zunächst eine Ausbildung für den Beruf des Missionars, wurde dann aber Journalist, arbeitete bei großen Zeitungen und in der Presseabteilung eines Raumfahrtkonzerns. 1987 verpflichtete ihn der damalige schleswig-holsteinische Ministerpräsident Uwe Barschel als Mitarbeiter für Öffentlichkeitsarbeit. Kurz vor der Landtagswahl im Herbst des gleichen Jahres offenbarte Pfeiffer dem „Spiegel“ die schmutzigen Wahlkampftricks des Regierungschefs und löste damit den größten politischen Skandal der Nachkriegszeit aus.

Eine Perücke werde er nie tragen, sagt Reiner Pfeiffer. Die Kopfhaut müsse nämlich atmen. Und den Bart hat er abgenommen, weil das Rasieren mit Bart am Morgen doppelt so lange dauert wie ohne. Außerdem habe er wie ein Rabbi ausgesehen, fügt die neue Freundin hinzu.

Unmittelbar nach der Affäre habe er sich die Haare ganz kurz schneiden lassen, weil kaum Zeit zum Kämmen gewesen sei. „Ich war praktisch den ganzen Tag beschäftigt", sagt Pfeiffer. Und jedesmal, wenn die Tür offenbleibt, steht er auf und schließt sie, bevor er weiterredet.

Offiziell ist Reiner Pfeiffer noch arbeitslos, aber die Sache mit dem Lachs läuft nach seinen Worten sehr gut. Eine große Bremer Ex- und Importfirma hat ihn engagiert, um ein Marketing-Konzept aufzustellen. Der Lachs kommt aus Norwegen und soll bundesweit angeboten werden.

Für eine zweite Firma soll er absolut einbruchsichere Schutzgitter vermarkten. In dieser Sache will Reiner Pfeiffer engen Kontakt mit der Kriminalpolizei aufnehmen.

Als er sein Bier geholt hat, fragt er, ob es störe, wenn er aus der Flasche trinke. Es sei auch alkoholfrei, und das Rauchen habe er aufgegeben. In etwa drei Jahren will er in seinem Verein wieder Lang- und Crossläufe machen. Jetzt läuft Reiner Pfeiffer jeden Tag zehn Kilometer, weil sein Herz zu groß ist und trainiert werden muß. „Reiner Selbsterhaltungstrieb", sagt er, und die ersten 3000 Meter seien das Schlimmste, danach gehe es gut. Reiner Pfeiffer hat die 50 bereits überschritten, und merkwürdigerweise sieht man ihm die Jahre nicht an.

Ja, es gehe ihm eigentlich wieder gut, sagt er und krault das weiße Fell des schottischen Highlandterriers, und ob er nach Genf fährt, weiß er noch nicht, obwohl er dort ein gutes Lokal mit drei Sternen kenne. Die Schweizer Untersuchungsrichterin Claude-Nicole Nardine hat ihm ausrichten lassen, daß sie ihn sprechen möchte. In Sachen Uwe Barschel. Das sei doch wirklich ein Witz, was er denn wohl aussagen solle. Etwa, ob Uwe Barschel schwermütig gewesen sei?

Wenn er fahren sollte, werde er auf keinen Fall am Hotel „Beau Rivage" vorbeigehen, obwohl er den Direktor kenne. Der habe ihn vor einiger Zeit auf dem Hamburger Hauptbahnhof angesprochen: „Sind Sie nicht der Herr Pfeiffer? Ich bin der Direktor vom Beau Rivage, in dem Barschel gestorben ist." „Er war es bestimmt", sagt Pfeiffer, so wie der könne nur ein Schweizer Hoteldirektor aussehen.

Wenn Reiner Pfeiffer von der Affäre träumt, dann immer dasselbe: „Ich versuche, Uwe Barschel auszureden, sich umzubringen, aber immer wenn ich es fast geschafft habe, wache ich auf und ärgere mich, daß es nicht geklappt hat." Manchmal werden die Träume unsanft durch die Kripo unterbrochen, die zur Hausdurchsuchung erscheint.

Nicht wegen der Kieler Affäre, sondern weil ein Bremer Oberstaatsanwalt einem Hochstapler ans Leder will, mit dem Pfeiffer Kontakt hatte. „Natürlich haben sie nichts gefunden", sagt Pfeiffer, „weil es das, was sie gesucht haben, gar nicht gibt." Wegen Falschaussage ist er in dieser Sache zu 6000 Mark Geldstrafe verurteilt worden. Völlig zu Unrecht, und die Revision werde er mit Sicherheit gewinnen.

Nicht zuletzt wegen dieser Geschichte ist Pfeiffer dem Verein „Interessengemeinschaft gegen Willkür in der Justiz" beigetreten. Diese Organisation sei deshalb so wichtig, weil die Richter in der Bundesrepublik bei weitem nicht so unabhängig urteilten, wie immer wieder behauptet werde. Außerdem habe die Lübecker Staatsanwaltschaft noch immer nicht seine beschlagnahmte Reiseschreibmaschine herausgerückt, obwohl doch alle Verfahren gegen ihn erledigt seien.

Ja, es sei richtig, 165 000 Mark habe ihm der „Spiegel“ für die Aufdeckung der Affäre Barschel gezahlt, und jetzt wolle das Finanzamt davon auch noch Steuern erheben, obwohl er 100 000 Mark in ein Sonnenstudio fehlinvestiert habe.

Erst später habe ihm ein großer europäischer Verlag mitgeteilt, daß die Geschichte vier Millionen Mark wert gewesen wäre. Ums Geld sei es ihm aber wirklich nicht gegangen. „Man muß doch in der politischen Landschaft etwas bewegen“, und was in Kiel passiert sei, das gebe es auch woanders. Ja, er würde noch einmal alles genauso machen, sagt Pfeiffer, allerdings das Beweismaterial besser sichern.

Etwa 200 Morddrohungen hat Reiner Pfeiffer nach eigenen Erzählungen erhalten, und 40 einstweilige Verfügungen. Jetzt werde er wöchentlich noch um zwei bis drei Autogramme gebeten, und falls Rückporto beiliegt, schickt er eine Bildkarte zurück.

Wenn er in eines der großen Bremer Kaufhäuser geht, um mit dem Geschäftsführer über den Lachsverkauf zu verhandeln, wird er mindestens von drei Leuten erkannt. Einmal habe ihm ein alter Herr mit den Worten die Hand geschüttelt: „Herr Pfeiffer, ich wollte Ihnen schon immer gerne die Hand geben.“ „So etwas tut mir gut“, sagt Pfeiffer. Nein, er sei wirklich kein Außenseiter in Bremen. Ob der Karstadt-Direktor oder der Direktor von Radio Bremen, alle grüßten ihn, auch Senatoren. „Die Bremer Pfeffersäcke sind alles kleine Schlitzohren“, sagt Reiner Pfeiffer, und er bricht stets mitten im Wort ab, wenn er merkt, daß sein Gesprächspartner etwas fragen möchte.

Wie einen Hund habe Uwe Barschel seinen Sprecher Herwig Ahrendsen behandelt, sagt Pfeiffer, und auch andere. Doch er, Pfeiffer, habe sich nicht drangsalieren lassen, und wenn Barschel gesagt habe: „Herr Pfeiffer, ich, der Ministerpräsident von Schleswig-Holstein, will das so“, dann habe er gesagt: „Ich, Reiner Pfeiffer, aber nicht.“ Ein Buch wolle er über die Affäre nicht schreiben, höchstens über die Verfolgung berichten, die jemand hinnehmen müsse, der eine unbequeme Wahrheit ans Licht bringt. „Gegen die Staatsmafia steht man da auf sehr verlorenem Posten."

Reiner Pfeiffer trägt ein schwarzes Hemd zur grauen Hose, und als er fotografiert werden soll, möchte er am liebsten eine Krawatte anlegen. Die Etagenwohnung in der um 1900 erbauten Kaufmannsvilla mißt 146 Quadratmeter. Auf dem Türschild steht der Name seiner Freundin an erster Stelle, und unter dem Picasso-Druck liegt ein Nilpferd aus Porzellan.

Völlig unvermittelt sagt er: „Betriebspsychologe möchte ich gerne sein. Die Einstellung der richtigen Mitarbeiter traue ich mir schon zu."

Während der Fahrt zum Bahnhof im elf Jahre alten Mercedes erinnert Reiner Pfeiffer daran, daß dies der gleiche Wagen sei, der immer im Halteverbot vor dem Kieler Landeshaus gestanden habe. Wenn die Polizei gekommen sei, habe der Pförtner stets gewarnt, das sei das Auto des Herrn Pfeiffer. Nur einmal habe er zehn Mark zahlen müssen.

Zum Abschied fragt Reiner Pfeiffer: „Reicht das?" Und nach dem „Ja" wirkt er geradezu dankbar.

P. S.: Das Geschäft mit dem Lachs fiel schnell ins Wasser, und Reiner Pfeiffer ließ sich zum Computer-Fachmann ausbilden. Im April 1992 wurde er Chefredakteur des Berliner Stadtmagazins „Spektrum" und kehrte damit an den journalistischen Ausgangspunkt seines Wirkens zurück.

Hans Hellmuth Qualen: Fototermin an den Rosen

Hans Hellmuth Qualen, Jahrgang 1907. Er war zunächst Verwaltungsbeamter, dann Finanzrichter. 1959 berief ihn der damalige Ministerpräsident Kai Uwe von Hassel zum Staatssekretär im Kieler Finanzministerium. 1962 Staatssekretär im Bundesschatzministerium, 1963 als Vertreter der FDP im Kabinett Helmut Lemke, 1969 für den von Lemke entlassenen Otto Eisenmann, gleichzeitig 18 Monate lang Sozialminister. Als die FDP 1970 eine Koalition mit der SPD beschloß, verließ Qualen die Partei. 1973 schied er auf eigenen Wunsch als Finanzminister aus.

„Sie sind sehr pünktlich“, sagt Hans Hellmuth Qualen, und gekleidet ist er, als sollte ihn der Chauffeur ins Ministerium bringen, das er zu Fuß in fünf Minuten erreichen könnte.

„Ach, die Politik“, sagt er, und die drei Worte betont er so, daß sie alles erklären. Er habe wirklich nicht die geringste Ahnung, wie hoch heute ein Landeshaushalt sei, und den letzten Etat des Finanzministers Qualen habe er total vergessen.

Obwohl noch bester Gesundheit, scheint sich Hans Hellmuth Qualen bereits in die lange Galerie seiner Vorfahren zurückgezogen zu haben. Und hätten alle ihren Lebenslauf so vorbildlich chronologisiert wie er, die Germanisten und Historiker brauchten den jetzigen Chef des Hauses nicht brieflich oder mündlich zu befragen, wie es die von Qualens in grauer Ahnen-Vorzeit denn nun wirklich getrieben haben.

In dicken Aktenordnern trägt Hans Hellmuth Qualen aus den Nebenräumen herbei, was er mit preußischer Sorgfalt gesammelt und mit literarischem Feingefühl geschrieben hat. Ein Professor aus Paris möchte wissen, ob das, was Detlev von Liliencron über die Qualens hinterlassen hat, zutreffend sei. Alles so gut wie erfunden, hat er zur Antwort bekommen. Was nicht ausschließen soll, daß der schwarze Eber wirklich so in das Familienwappen gekommen ist, wie es der Dichter beschrieben hat: Auf den König wollte sich das wilde Tier stürzen, da warf sich der tapfere Recke vom Stamm derer von Qualen dazwischen und rettete seinen Herrn.

Auf 365 Seiten hat Hans Hellmuth Qualen sein Leben beschrieben, und ein Band steht schon in der Kieler Landesbibliothek, darf aber erst nach seinem Tode ausgeliefert werden. Eine zweite, verbesserte Fassung legt er mit der Bemerkung auf den Tisch, man werde ja immer klüger.

Auf Seite 292 steht die Geschichte, wie der damalige

Staatssekretär im Bonner Finanzministerium von seinem Schulfreund Helmut Lemke zum Kieler Finanzminister berufen wurde. Es war im Februar 1963, und Hans Hellmuth Qualen lag mit heftiger Grippe darnieder, als ihn die Wirtin ans Telefon rief: „Ich hüllte mich in meinen Bademantel und ging an den Apparat im kalten Hausflur. Am anderen Ende meldet sich Lemke mit den fröhlichen Worten: ‚Ich höre, Du willst Finanzminister werden, das ist ja großartig!' Ich widersprach und sagte, ich hätte keineswegs diesen Wunsch ... in der nächsten Woche käme ich nach Kiel, und dann könnten wir uns in aller Ruhe über den Fall unterhalten. Darauf Lemke: Nein nein, er müsse jetzt seine Kabinettsliste fertig machen, und er bitte mich sehr, zum 1. Mai als Finanzminister nach Kiel zu kommen. Kurzentschlossen habe ich dann zugesagt; inwieweit der Wunsch, mich möglichst rasch wieder ins warme Bett legen zu können dabei mitgespielt hat, sei dahingestellt."

„Ist es nicht grauenhaft, was die Politiker, aber auch die Journalisten mit unserer Sprache machen", sagt Hans Hellmuth Qualen, und weist auf einen Artikel hin, der dreimal das Wort „angedacht" enthält. Oder auch dieses ständige „Ich gehe davon aus, daß. . .". „Einfach gräßlich", sagt er und nimmt das aus Zinn gegossene Familienwappen mit dem Eber von der Wand. Es stammt von dem Sarg des 1586 verblichenen Vorfahren Jossias von Qualen, der erst Feldmarschall und dann Gouverneur von Süderdithmarschen war. In letzter Eigenschaft bediente er sich etwas nachhaltig auf Kosten der Untertanen und fiel bei seinem König in Ungnade. Daraufhin verdingte er sich beim Herzog von Gottorf, wankte nach einem Festessen von der Zugbrücke und ertrank, weil sich seine goldene Halskette verhakte.

Noch spektakulärer kam ein anderer Vorfahr ums Leben. Auf einer Skizze hat Hans Hellmuth Qualen den Fall festgehalten. Der Fundort der Leiche ist mit Rot gezeichnet, und das ungewöhnliche Verbrechen vom 21. Februar des Jahres 1830 hat er anhand der Aktenlage beschrieben. Das Opfer war Rudolf Anton Ludwig von Qualen, dänischer Minister in Eutin, und erschlagen wurde er beim Abendspaziergang im eigenen Garten. Sieben Jahre lang wurde nach den Tätern gesucht, dann mußten alle Verdächtigen freigelassen werden.

Die Strauß-Memoiren nennt Hans Hellmuth Qualen eine sehr interessante Lektüre, bei Helmut Schmidts Erinnerungen nervt ihn die ständige Betonung von Freundschaften mit großen Männern, und Gerhard Stoltenberg wäre nach seinen Worten klug gewesen, wenn er das Verteidigungsministerium nicht übernommen hätte. Abends hört er den großen Gerd Westphal den großen Thomas Mann lesen, und seine Verbundenheit mit Wilhelm Busch dokumentiert er durch die Übergabe eines Artikels über „Das Politische bei Wilhelm Busch“ (er mochte Bismarck, aber nicht Wilhelm II.).

Und als würde dies alles als Beschäftigung für einen Pensionär nicht reichen, berichtet er über seine jüngsten Reisen mit einem Postdampfer bis Kirkenes und mit dem eigenen Auto nach Kärnten. „Ich bin jetzt allein, will aber keine ‚Trauerweide' sein,“ sagt er und verrät auch noch, daß in seiner Geburtsurkunde ein „von“ den Familiennamen schmücke, aber da der Urgroßvater ein illegitimer Sohn des richtigen Qualen-Stammes war, wurde das Adelsprädikat der Familie im Jahre 1908 aberkannt.

„Ich genieße jeden Tag“, sagt Hans Hellmuth Qualen. Den großen Rasen im Garten hinter dem Haus mähe er noch selber, und die Rosen seien in diesem Jahr wunderschön gewesen.

Karsten Redlefsen mit seinem Vater, wie ihn Ernst Günter Hansing sah

Karsten Redlefsen, Jahrgang 1935, ist geschäftsführender Gesellschafter der H. Redlefsen GmbH & Co.KG mit Sitz in Satrup. Ein bekanntes Produkt des Familienunternehmens ist das „Würstchen mit dem Reißverschluß“.

„Gute Wurst geht immer“

„Bei uns fließt kein Tropfen Blut“, sagt Karsten Redlefsen, und wenn er in New York ein Flugzeug oder in München ein Hotel bucht, dann wird er schon einmal gefragt, ob er „der Mann von der Wurst“ sei. „Das stört mich natürlich nicht“, sagt er. „Aber wir sind Kaufleute und keine Metzger, darauf legen wir großen Wert.“

Aus seinem Büro in Satrup sieht Karsten Redlefsen jeden Laster, der Schweinehälften bringt, und jeden Wagen, der die fertigen Produkte vom Hof fährt. Pro Jahr allein 17 000 Tonnen Wurstwaren im Wert von 150 Millionen Mark.

Ob er überhaupt noch Wurst esse? Das sei eben der Unterschied zu einem Unternehmen, das Marzipan oder Schokolade herstelle. Süßigkeiten habe man sich nach drei Tagen übergegessen, aber Wurst schmecke immer. Während der Dienstzeit ist den 550 Mitarbeitern das Naschen an der Mettwurst oder an der Salami verboten, aber jeden Morgen werden in der Kantine große Platten mit allen Sorten gereicht, und dann darf jeder die von zu Hause mitgebrachten Butterbrote so oft und so dick belegen, wie er will. „Und alles kostenlos“, sagt Karsten Redlefsen.

Dann berichtet er, wie alles angefangen hat. Der Urgroßvater habe mit eigenen Seglern Holz aus Finnland geholt, bearbeitet und an die Bauern der Umgebung verkauft. Nicht immer habe es Geld gegeben, sondern oft sei mit Naturalien in Form von guten Angler Schweinen gezahlt worden, und daraus sei zunächst eine Schlachterei und dann vor 125 Jahren eine Wurstfabrik entstanden.

Und das Besondere war, daß nicht nur während der kühlen Jahreszeit, wie bis dahin üblich, produziert wurde, sondern auch im Sommer, denn der Urgroßvater war auf die Idee gekommen, aus Torf ein Haus zu bauen, und dort die im Winter aus dem nahen Südensee geschnittenen Eisblöcke aufzubewahren. „Das war ein großer Fortschritt", sagt Karsten Redlefsen, und daraufhin erzählt er die Geschichte von der Erfindung des Reißverschlusses für Würstchen. In den 50er Jahren sei es gewesen, da habe er die Idee gehabt, nicht nur Würstchen in Dosen anzubieten, sondern in Folie, und zwar mit dem Clou in Form eines Reißverschlusses.

Das funktioniere nie, habe der Vater gesagt, aber bei einem Kunden sei das Produkt ausprobiert worden. Mit großem Erfolg. „Wir können es uns ja einmal ansehen", sagt Karsten Redlefsen, gibt im Vorzimmer eine Bestellung auf, und alsbald werden auf einem Teller vier Würstchen herbeigetragen.

Nicht lieblos, wie Würstchen in einem Gasthof serviert werden, wo sie eher zu den wenig gewinnbringenden Positionen der Speisekarte gehören, sondern hier am Entstehungsort wird ihnen Ehrfurcht zuteil. Fest und locker zugleich umfaßt Karsten Redlefsen die in vier luftdichten Plastikabteilungen untergebrachten Fleischstangen, ein geübter Ruck und genau in der Mitte, dort, wo der rotaufgedruckte Reißverschluß die Sollbruchstelle markiert, teilt sich die Viererpackung in zwei gleichgroße Hälften.

„Ein Teil zum sofortigen Verzehr, der andere Teil für später", sagt Karsten Redlefsen, und ein wenig erinnert es bei dieser Demonstration an den Zauberer, der genau weiß, wie das Kaninchen aus dem Hut kommt, sich aber dennoch immer wieder freut, wenn der Trick einmal mehr geglückt ist.

Als er noch mehr Zeit gehabt habe, sei er gesegelt, 1971 sogar um den Admiral's Cup, sagt Karsten Redlefsen, heute sei so etwas viel zu teuer, und auch das Golfspiel habe er zugunsten der Familie und des Unternehmens zurückgesteckt.

In seinem Büro hängen Blumenbilder, aber nebenan bei den Mitarbeitern im klimatisierten modernen Flachbau schmücken Originale des Prominenten-Malers Ernst Günter Hansing die Wände. Vater Hans hat den in der Nachbarschaft geborenen Künstler entdeckt und gefördert. Etwa dadurch, daß er ein von Hansing gemaltes Adenauer-Porträt Mitte der 50er Jahre für 30000 Mark an den Schwiegersohn des ersten Nachkriegs-Kanzlers vermittelte. Auch mit Emil Nolde kam das Haus Redlefsen ins Geschäft und erwarb mehrere Originale.

Ob es bei der Wurst Sorgen gebe? „Nein“ sagt Karsten Redlefsen, „eigentlich nicht“, nur die Hormon-Skandale seien unerfreulich, aber das Unternehmen sei nie betroffen worden.

Neben den Hansings hängen reihenweise die Urkunden für preisgekrönte Salami, Cervelat- und Schlachtwurst. „Wir haben 70 Gütezeichen, davon zehn goldene“, sagt Karsten Redlefsen.

Er könnte auch noch berichten, wie sein Vater 1950 das 16rippige Schwein aus Holland einführte, aber da er schon so viel aus der Vergangenheit erzählt hat, sagt er nur noch „gute Wurst geht immer“.

Kein Probesitzen für den Ruhestand: Uwe Ronneburger

Uwe Ronneburger, geboren 1920, gilt als politischer Spätentwickler. Als 50jähriger wurde er 1970 zum Vorsitzenden der schleswig-holsteinischen FDP gewählt. Zwei Jahre später zog er in den Bundestag ein, schied drei Jahre später wieder aus, wurde FDP-Fraktionsvorsitzender im Kieler Landtag und kehrte 1980 wieder in den Bundestag zurück. 1989 wurde er Vorsitzender des Verteidigungsausschusses, und am Ende der Legislaturperiode zog er sich 1990 aus der Politik zurück.

Der „Staatshof" liegt wie eine Hallig im Wattenmeer, und bei der Erläuterung des Namens versichert Uwe Ronneburger, daß der riesige Haubarg in Eiderstedt kein Staatsbesitz sei, sondern ein „stattlicher Hof". Allein die reetgedeckte Dachfläche ist groß wie ein halbes Fußballfeld, und für die Renovierung des Südgiebels hat der Hausherr gerade den Preis eines Mittelklassewagens bezahlt.

Uwe Ronneburger sitzt in der kleinen Wohnstube, und über ihm an der tiefen Balkendecke zeigt eine Bildfolge das Gleichnis vom verlorenen Sohn. Der Vorbesitzer Nikolai Martens ließ vor 250 Jahren die fromme Geschichte malen, aber das biblische Happy-End blieb aus, denn sein einziger Sohn verpraßte die Erbschaft und mußte den stattlichen Hof verkaufen.

Es sei noch das Original, sagt Uwe Ronneburger und liest die Bildzeile der letzten Szene vor. „Und er begehrte, seinen Bauch zu füllen mit Trebern, den die Säue aßen, und niemand gab sie ihm." Dann holt er ein altes Lexikon und schlägt unter Trebern nach: „Rückstand der Maische-Bereitung bei der Bierherstellung."

Mit 52 Jahren, zu einer Zeit also, in der „die Schienen sonst schon liegen", habe er seinen Lebensweichen eine völlig neue Richtung gegeben. Das sei geradezu ein Geschenk gewesen, und durch den späten Einzug in den Bundestag unterscheide er sich auch sehr von anderen Parlamentskollegen.

Und passend wie Uwe Ronneburger im Biedermeier-Mobiliar vor den Kunstbänden des Bücherregals sitzt, kann man sich ihn als Landwirt auf einem Trecker oder beim Melken wirklich nicht mehr vorstellen.

Zu seiner Entscheidung, die Landwirtschaft zugunsten der Politik aufzugeben, sagt er fast noch immer erschrocken über den eigenen Mut: „Ob uns das Risiko ganz klar war, wage ich rückwirkend zu bezweifeln."

Nach 18 Jahren könne er jedoch feststellen, daß der Wechsel richtig gewesen sei.

Seine Frau war an diesem Abbruch der alten Berufsbrücken wesentlich beteiligt, und während sie den Kaffee und die belegten Brötchen serviert, vermutet sie, daß der Riß an der Außenwand neu sei, während Uwe Ronneburger versichert, der Schaden bestehe schon länger. Dann erläutert er, daß die Warft unter dem Haubarg auch mehr als 250 Jahre nach dem Aufschütten noch immer in Bewegung sei, und früher habe man an besonders regenarmen Sommertagen rund um das Haus Wasser gegossen, um ein Absinken des Bodens zu verhindern. Er erzählt auch noch, daß es auf Eiderstedt einst üblich war, den Mist aus dem Stall vor das Haus zu schieben. Wenn der künstliche Berg so hoch war, daß die Gülle von der Anhöhe zurück ins Haus floß, wurde auf dem geglätteten Dunghügel ein neues Wohngebäude errichtet.

„Der Verteidigungsausschuß gilt allgemein nicht als Sprungbrett", sagt Uwe Ronneburger, und er habe den Vorsitz angenommen, weil er noch Erfahrungen aus der Zeit als Soldat besitze. Sein Anliegen sei auch nicht der Bereich Waffenstrategie und Bündnisverpflichtung gewesen, sondern um die Rolle des Soldaten als Bürger im Staat habe er sich stets gekümmert.

„Ich war kein Aufrüster", fügt er sicherheitshalber hinzu und verrät, daß es ihm nichts ausmache, im Sitzungssaal des Verteidigungsausschusses als Foto hinter seinen Amtsvorgängern Franz-Josef Strauß und Friedrich Zimmermann zu hängen.

Als Uwe Ronneburger die Pfeife ablegt, unterstreicht er noch mehr mit den Händen, und da sie auffallend oft weit ausholend einen Kreis schließen, könnte man auf viel Harmoniebedürfnis schließen.

Auch das größte politische Abenteuer, auf das sich Uwe Ronneburger in seiner politischen Karriere eingelassen hat, konnte er völlig unbeschadet überstehen. Daß er seine Kandidatur gegen Hans-Dietrich Genscher noch immer als ein sehr bedeutsames Ereignis ansieht, erkennt man schon daran, daß er erstmals nach eineinhalb Stunden nicht nur die Pfeife, sondern auch das Feuerzeug aus der Hand legt. Eine „sehr aufregende Zeit" nennt er seinen Versuch, sich auf dem Berliner Parteitag des Jahres 1982 an die Parteispitze zu setzen. Ihm sei die Wende der FDP zur Union zu plötzlich gekommen, und er habe die Befürchtung gehabt, seine Partei könnte ihr Profil verlieren.

Nur mit zehn Prozent Stimmenunterschied unterlag der Herausforderer vom Staatshof damals dem Vorsitzenden Genscher, und er sagt, mit dem Ergebnis könne er noch heute gut leben. Gleich zweimal versichert Uwe Ronneburger, daß er anschließend dieses Abenteuer wirklich nicht bereut habe. Natürlich sei auch „nichts an Konfrontation mit Genscher zurückgeblieben" und auch, wenn er an dieser Stelle keinen harmonischen Kreis schlägt, wirkt er über den glücklichen Ausgang noch heute erleichtert.

Mitten am Tag ist der Herbstnebel so dicht, daß der Blick aus dem Staatshof nur bis zum Ende der Warft reicht, und Uwe Ronneburger sagt: „Man ist hier nicht aus der Welt, aber man kann für sich sein."

Peter Rühmkorf: der Dichter in seiner Klause

Peter Rühmkorf, geboren 1929 in Dortmund als Sohn einer Lehrerin und eines Puppenspielers. Nach dem Studium der Literaturwissenschaften war er zunächst Lektor beim Rowohlt-Verlag und anschließend Dozent an mehreren Hochschulen im In- und Ausland. Peter Rühmkorf hat Dramen, Märchen, Drehbücher und vor allem viele Gedichte geschrieben. Umfassend wie sein Werk ist auch die Zahl der Auszeichnungen. Während Peter Rühmkorf dichtet, betätigt sich seine Frau Eva in der schleswig-holsteinischen Landespolitik.

Weltmeister der Langsamkeit

Die Annäherung an Peter Rühmkorf führt über einen Hinterhof, und auf das Klingelzeichen erscheint er am Ende der schmalen Treppe im ersten Stock. Unter ihm wohnt die Schauspielerin Barbara Sukowa, und eine weitere Treppe führt in das Dichterzimmer unter dem Dach des alten Kapitänshauses. Auf den Balkon kann jeweils nur eine Person treten, und hinter der Balustrade muß Peter Rühmkorf von unten wie ein großer Vogel wirken, der über den Nestrand blickt, denn einige Spaziergänger bleiben stehen und starren ungeniert herauf.

Er brauche eigentlich nicht in die Welt zu gehen, sie ziehe hier an ihm vorbei, sagt Peter Rühmkorf und nennt das weite Panorama unter ihm einen „gestaffelten Blick“: Direkt am Haus der schmale Spazierweg der Övelgönne, dann der kleine Grünstreifen mit einem Strandkorb und einer Tischtennisplatte, dann der überraschend sandige Strand, dann die Elbe selbst, dann die Hafenanlagen und im Hintergrund die Harburger Berge. Seit den 70er Jahren wohnt das Ehepaar Rühmkorf in der sehr kleinen Wohnung, und der Dichter sagt: „Ich fühle mich wie ein Student, ich brauche keinen Luxus.“ Als Schreibtisch dient eine mit Papieren überfüllte Holzplatte, der Inhalt der Regale läuft auf den Fußboden über, und in der Reiseschreibmaschine steckt eine Manuskriptseite, auf der Peter Rühmkorf über den Lyriker Johannes Kühn schreibt, der seit Jahren in geistiger Umnachtung lebt.

Nach seiner Bandscheiben-Operation komme er jetzt nicht mehr so viel „in die Welt“, sagt Peter Rühmkorf. Das sei für ihn ein ziemlicher Eingriff, denn sein halbes Leben lang sei er immer auf Reisen gewesen.

Ob er von seiner Tätigkeit leben könne? „Das Dichten ist ein Luxus, den ich mir aber leiste.“ Das Geld zum Leben verdiene man durch Lesungen und durch Beiträge für Zeitungen oder für den Rundfunk. Es wäre für ihn ein großer sozialer Einbruch, wenn er nicht mehr für sich alleine aufkommen könnte und auf anderer Leute Geld angewiesen wäre. Der Beruf des Dichters sei außerordentlich krisenanfällig, denn bei knappem Geld werde zuerst am Buch gespart.

Peter Rühmkorf vermutet, daß er in seinen 60 Lebensjahren nur etwa 150 Gedichte geschrieben hat. „Ich bin ein Weltmeister der Langsamkeit, und darunter leide ich."

Als Beweismaterial holt er aus der Tiefe des Regals einen 750 Seiten zählenden, großformatigen Band, in dem alle Vorarbeiten für ein siebenseitiges autobiographisches Gedicht enthalten sind.

„Wo immer ich mich befinde, fällt mir etwas auf und etwas ein", sagt Peter Rühmkorf und legt neues Beweismaterial vor. Auf etwa 10 000 Zetteln hat er notiert, was ihm beim Gang durch die Welt aufgefallen ist: „Norwegische Socken mit nachschleifenden Gloggs." „An stinkender Ligusterhecke vorbei."

„Ohne Stift und ohne Papier in der Tasche gerate ich in Panik, da ich fürchte, gerade dann meinen besten Einfall zu haben", sagt Peter Rühmkorf. Und auf der Elbe fährt eine Blaskapelle vorbei.

Die Gedanken auf den Zetteln nennt er seine „Sternschnuppen", die er zu einem Sternbild vereinigt, das heißt, in ein Gedicht umsetzt. Den „flüchtigen Moment" ernst zu nehmen, sieht er als seine Dichterpflicht an, und die Lyrik unterscheidet sich nach seinen Erfahrungen von allen anderen Literatur- und Kunstgattungen dadurch, daß sie in kein anderes Medium, also etwa in einen Film, umgesetzt werden kann.

„Wer sich als einzelner auf sich selbst besinnen will, kann das nur durch ein Gedicht." Es sei „einmalig wie wir alle".

„Ich bin ein typischer Kurzstreckenläufer", antwortet Peter Rühmkorf auf die Frage, ob er bei der Lyrik bleiben werde. Einen Roman wolle er aber dennoch schreiben, und zwar auf der Grundlage seiner seit 20 Jahren geführten Tagebuchnotizen.

Nein, von einer Künstlerehe halte er wirklich nichts, und er sei froh, daß seine Frau nicht auch noch Gedichte schreibe. „Jeder hat seine Welt, und die alltäglichen Schmirgeleien fallen weg." Die Politik aber sei für ihn und Eva der gemeinsame Klebstoff.

Von der Elbe dröhnt ein Schiff, und Peter Rühmkorf sagt, „ich habe mich sehr an diesen Gegensatz gewöhnt: Hinter mir die unbewegliche Bücherwand und vor mir der bewegte Fluß."

Beim Abstieg aus der Dichterklause erläutert Peter Rühmkorf seine Reliquien: Die etruskischen Scherben, die er, wie bei den Sternschnuppen, zu einem Ganzen zusammensetzt, das von Günter Grass gemalte Portrait, das ihm nicht sonderlich gefällt, einige handschriftliche Notizen von Rudolf Borchers, über den er geschrieben hat.

In der winzigen Küche erinnert ein Zettel daran, daß die Tomaten gegossen werden müssen, und mündlich ermahnt sich Peter Rühmkorf, daß er gleich eine Bohnensuppe oder so etwas ähnliches kochen müsse.

Erich Samson mit „Lucona"-Akten in der „Unterwelt"

Prof. Erich Samson, geboren 1940 in Hamburg, ist Professor für Strafrecht an der Kieler Universität und Direktor des Instituts für Umweltschutz-, Wirtschafts- und Steuerstrafrecht. Daneben ist er als Strafverteidiger mit den Fällen „Uwe Barschel" und „Lucona" bekannt geworden.

Tiefer Einblick in die Unterwelt

Wenn jemand seine politischen Gegner mit kriminellen Methoden bekämpft hat oder im Verdacht steht, an der Versenkung eines Frachters samt Besatzung mitgewirkt zu haben, dann wendet sich der Betroffene gerne mit der Bitte an Erich Samson, er möge das Mißverständnis doch möglichst schnell ausräumen. Gegen guten Stundenlohn kann in vielen Fällen geholfen werden, mancher Kunde aber ist nicht zu retten, und dazu zählte auch Uwe Barschel.

„Ich bin aber in erster Linie Professor", sagt Erich Samson und trägt die Beweise in Form eines meterhohen Bücherstapels herbei. An dem zweibändigen Kommentar über das StGB kommt kein angehender Jurist vorbei, und für die Fortgeschrittenen ist das Werk über „Hypothetische Kausalverläufe im Strafrecht" bestimmt.

Seine Nebentätigkeit als Strafverteidiger hat der Beamte Erich Samson ordnungsgemäß beim Arbeitgeber Land angemeldet, und er sagt, wer seinen Studenten etwas beibringen wolle, der müsse neben der Theorie schließlich auch die Praxis kennen.

Natürlich würde er den Fall Barschel sofort noch einmal übernehmen, obwohl er ihm eher Nachteile und einen finanziellen Verlust von mindestens 8000 Mark eingebracht hat.

Eine „blöde Situation" sei es für ihn gewesen, daß er jemanden vor dem Untersuchungsausschuß des Landtages habe verteidigen müssen, mit dem er über den Fall nur einmal am Telefon aus Gran Canaria und ein anderes Mal in Anwesenheit eines halben Dutzend Beamten gesprochen habe.

Niedergelegt habe er sein Mandat im Fall Barschel vor allem deshalb, weil er und seine Familie bedroht gewesen seien. 250 Anrufe am Tag seien nach Veröffentlichung der Telefonnummer eingegangen.

Mit dem Zeigefinger malt Erich Samson auf der blankpolierten Armlehne des Biedermeiersofas unsichtbare Figuren, und wenn der Lohn pro Honorarstunde auch Betriebsgeheimnis bleibt, so ist nicht zu übersehen, daß die Einrichtung des großen weißen Hauses mit dem Blick über die Bucht von Strande vom Professorengehalt allein kaum bezahlt werden kann.

„Es gibt zwei Arten von Wahrheiten", sagt Erich Samson. Die juristische und die politische. Für die eine seien sehr handfeste Beweise erforderlich, letztere könne dagegen mit viel weniger Beweismaterial zum Schuldspruch führen.

Vor einem ordentlichen Gericht wäre Uwe Barschel nach seiner Ansicht in keinem Anklagepunkt zu verurteilen gewesen, weil die Beweise einfach nicht ausgereicht hätten.

Aber im Vergleich zum Fall „Lucona" sei die Affäre Barschel wirklich nur „eine Provinzposse ohne jedes Format", versichert Erich Samson und bittet in die Kellerräume, deren Fenster „aus versicherungstechnischen Gründen" vergittert sind. In 150 Aktenordnern ist alles festgehalten, was über den Untergang der „Lucona" am 23. Januar 1977 bisher bekannt geworden ist, und per Tastendruck liefert der danebenstehende Computer aus zehntausend gespeicherten Seiten Auskunft über jede Zeugenaussage.

Wie es sich für einen guten Anwalt gehört, ist Erich Samson davon überzeugt, daß sein Klient Hans-Peter Daimler unschuldig am Tod von sechs der zwölf Besatzungsmitglieder des 1966 in Büsum gebauten Frachters ist.

Dagegen geht die Wiener Justiz davon aus, daß nicht nur der inzwischen zu lebenslanger Haft verurteilte Udo Proksch die „Lucona" mit wertloser, aber hoch versicherter Ladung in die Tiefe des Indischen Ozeans geschickt hat, sondern daß auch seine „rechte Hand" Hans-Peter Daimler von der Sache gewußt habe.

Erich Samson aber breitet in seinem Kellerbüro Schiffsbaupläne nebst großformatigen Fotos aus und erläutert, warum es gar keine Explosion im Laderaum der versunkenen „Lucona" gegeben haben könne.

Dann sagt er: „Ich weiß, wie man einen Hochseeschlepper finanziert, wie man einen algerischen Minister besticht und wie der Weltteehandel organisiert ist", und es sei wirklich schade, daß er nur wissenschaftliche Bücher verfassen, aber nicht die wirklich abenteuerlichen Geschichten aus seinen Strafprozessen niederschreiben dürfe.

Und nachdem Erich Samson aus der Unterwelt auf das helle Biedermeiersofa zurückgekehrt ist, fügt er hinzu: „Mein Problem ist, daß ich für meine Mandanten immer zu viele Sympathien entwickle und viel zu stark an ihrem Schicksal teilnehme." Aber es sei schon spannend, was man als Verteidiger gegenüber einer großen Justizbehörde so alles erreichen könne.

Ob er den Glanz eines prominenten Strafverteidigers genieße, der ihn aus der grauen Schar der Mitprofessoren heraushebe? Erich Samson gießt zwei französische Armagnac-Ririssime, Jahrgang 1940, ein und antwortet: „Wenn ein Hochschullehrer bestreitet, daß er eitel ist, dann lügt er."

Für den Abend hat Erich Samson noch einen Flug gen Süden gebucht, wo jemand vergessen hat, 69 Millionen Mark Steuern zu zahlen und nun sehr dringend einen guten Rechtsbeistand benötigt.

Henning Schwarz mit „Motte“

Henning Schwarz, geboren 1928 auf Gut Frauenholz bei Bad Oldesloe, gelernter Rechtsanwalt. 1971 Mitglied der CDU-Landtagsfraktion, von 1969 bis 1979 schleswig-holsteinischer Justizminister, anschließend Minister für Bundesangelegenheiten. Nach dem Tod von Uwe Barschel im Oktober 1987 bis zu den Neuwahlen im Mai 1988 kommissarischer Regierungschef.

Ein Ende mit Mißvergnügen

Von der Terrasse des großzügigen Landhauses in Hoisdorf blickt man über weite Rasenflächen, und Henning Schwarz sagt: „Mein Plan, mit Anstand aus der Politik auszuscheiden, ist leider mißlungen."

Der hohe Zaun um das große Grundstück ist heute nicht mehr elektrisch gesichert, und ohne Krawatte erkennt man Uwe Barschels einstigen Stellvertreter kaum wieder. Vierzehn Kilo habe er abgenommen, und jetzt könne er auch wieder anständig auf einem Pferd sitzen. Henning Schwarz berichtet, wie Hoisdorf zu Hamburg gekommen ist, wie er seinen Wahlkreis gewonnen hat, wie er sich als Privatmann erfolgreich um die Eingliederung von DDR-Flüchtlingen bemüht hat und daß im Obergeschoß eine sehr fleißige Familie aus Brandenburg wohnt.

Es sei allen bekannt gewesen, daß er 1987 mit der Politik habe aufhören wollen, doch dann „hat die Sache eine Verlängerung erfahren, und es waren sehr schmerzhafte und schwierige Monate". Auch staatsrechtlich sei es schließlich ein „Unikat" gewesen, einen Landtag aufzulösen und praktisch Konkursverwalter zu sein.

Er selbst sei Verdächtigungen und Schmähungen ausgesetzt gewesen, und lange habe er gebraucht, um wieder zu sich zu finden. „Die Journalisten haben mich unfair behandelt, Sie eingeschlossen", sagt Henning Schwarz, und die Hausfrau trägt Kuchen und Geschirr ab.

Aus der Ferne dringt Verkehrslärm in die Idylle, und die Erklärung, daß er „mit einigem Mißvergnügen" aus der Politik ausgeschieden sei, verbindet Henning Schwarz mit dem Bekenntnis, auch Fehler gemacht zu haben. „Ich hätte sagen sollen: Ich will Regierungschef werden." Als Gerhard Stoltenberg 1982 sein Kieler Amt niederlegte, um Bundesfinanzminister zu werden, sei er, Henning Schwarz, gefragt worden, ob er die Nachfolge antreten wolle. Uwe Barschel habe nämlich durchaus Zweifel gehabt, ob er Ministerpräsident werden sollte.

„Und Punkt zwei“ sagt Henning Schwarz, „Uwe Barschel ist von mir nicht streng genug kontrolliert worden, um bei ihm Unregelmäßigkeiten und Sprunghaftigkeit zu vermeiden“. Außerdem hätten Kabinett und Landtagsfraktion vor wichtigen öffentlichen Äußerungen des Ministerpräsidenten gehört werden müssen.

Doch als habe er sich schon zu weit vorgewagt, fügt Henning Schwarz erläuternd hinzu, „alles natürlich immer in Loyalität“.

Falsch sei auch die Behauptung gewesen, die frühere CDU-Regierung habe ein Nicht-Verhältnis zur damaligen Opposition gehabt. Mit Klaus Matthiesen habe er persönlich sogar auf sehr gutem Fuß gestanden. „Im ganzen möchte ich sagen: Die Jahre von 1969 bis 1988 waren eine außerordentlich interessante und erfüllte Zeit. Ich habe unendlich viel erlebt, was ich als Anwalt nicht erlebt hätte.“

Alle Veröffentlichungen über die Barschel-Affäre enthalten nach Auskunft von Henning Schwarz „grobe Mängel“, aber erst wenn wieder „objektiveres Denken Einzug gehalten hat“, werde er selber etwas über den Fall schreiben. Einen Hoffnungsschimmer für den Anbruch besserer Zeiten sieht er in der Entscheidung des Kieler Landgerichts, das von der Staatsanwaltschaft gewünschte Verfahren gegen den früheren stellvertretenden Regierungssprecher Herwig Ahrendsen nicht zu eröffnen.

Auf die Frage, was er derzeit beruflich mache, sagt Henning Schwarz: „Ich kümmere mich um unser Vermögen und um die Familie. Wenn ich auf zwei Fingern pfeife, kommen 30 Leute, und das ist ein sehr schönes Erlebnis.“

Sein Recht, wieder in die alte Anwaltskanzlei einzutreten, läßt Henning Schwarz ruhen. „Es ist etwas anderes, ob man Gesetze macht oder sie anwendet.“ Außerdem sei es eine soziale Frage. Es gebe viele Anwälte ohne Stellung, und denen wolle er nicht die Arbeit wegnehmen. „Außerdem ist mein Energiehaushalt angekratzt, und soll ich nur für das Finanzamt arbeiten?"

Eine der Türen am Pferdestall hat der Hausherr selbst gezimmert, das sei nicht leicht gewesen, und für das Foto wählt er nicht den Braunen „Fritz", sondern den Schimmel „Motte", und die Hausfrau sorgt dafür, daß das Tier rechtzeitig die Ohren aufstellt. „Wir handeln auf ein drittes Pferd", verrät Henning Schwarz, und anschließend zeigt er sein Gewächshaus, das er selber gebaut hat und in dem Tomaten und Salate gedeihen. Die Pflasterung des Vorplatzes hat er ebenfalls so gut wie allein gemacht und damit 7000 Mark gespart. Daneben hilft er dem Nachbarn in der Heuernte und sorgt für das Feuerholz. Von den politischen Ämtern ist ihm nur noch der Vorsitz in der Schiedskommission der Landes-CDU geblieben.

Seinen augenblicklichen Seelenzustand bilanziert Henning Schwarz mit dem knappen Satz: „Das tragische Schicksal Uwe Barschels und seiner Familie ist nicht so schnell zu verdrängen."

Jürgen Spanuth: Das Kupferstück, das aus Atlantis stammen soll

Jürgen Spanuth, Jahrgang 1907. Der gelernte Theologe sorgte in den 50er Jahren mit seiner These, das sagenhafte „Atlantis“ habe vor Helgoland gelegen, für großes Aufsehen. Obwohl er in mehreren Büchern zahlreiche Beweise für seine Theorie vorlegte, blieben seine Forschungsergebnisse umstritten.

Nein, er habe nichts zurückzunehmen, sagt Jürgen Spanuth. Atlantis sei vor Helgoland versunken, dafür gebe es Beweise in großer Zahl. Und wer nicht Platon im Original lesen könne, wie der Rendsburger Hobbyforscher Joachim Rittstieg, der behauptet, Atlantis sei in Guatemala zu suchen, den nennt Jürgen Spanuth „völlig verrückt".

Von seinem Sessel blickt er auf den ausgestopften Auerhahn, den er in der Obersteiermark geschossen hat, und darunter hängt ein Bild vom alten Pfarrhaus in Bordelum, wo er fast 40 Jahre als Pastor gewirkt hat.

Man muß nicht nach Atlantis fragen, um von Jürgen Spanuth zu erfahren, warum die Königsinsel wirklich bei Helgoland versunken ist und nicht bei Spanien, vor den Kanarischen Inseln oder den Azoren.

Wenn man Platon lese, dann spräche alles für die Nordseeküste, sagt Spanuth, und es sei „ein Verbrechen, ausgerechnet Platon, dem größten Wahrheitssucher der Antike, vorzuwerfen, er habe nicht die Wahrheit erzählt, sondern ein Märchen".

Etwa im Jahre 1200 v. Chr. Geburt habe der Absturz riesiger Meteoriten eine weltweite Naturkatastrophe verursacht. Durch sie sei die Verbindung zwischen Nord- und Ostsee entstanden, und große Teile der Westküste seien im Meer versunken. Auch die Königsinsel Atlantis sei der Naturkatastrophe zum Opfer gefallen, und anschließend seien die Atlanter zwecks Eroberung neuen Lebensraums bis Ägypten vorgedrungen.

Jürgen Spanuth nennt Zahlen und Spuren und Namen, öffnet Bücher und zeigt Bilder. Er habe weder Zeit noch Lust, „um mich mit Ihren unsinnigen Aussagen zu befassen", hat er gerade dem angeblichen Entdecker von Atlantis-Guatemala geschrieben. Briefe, die er Professoren zukommen läßt, haben nicht selten die Länge einer Doktorarbeit.

„Sehr geehrter Herr Professor Bichler, für die Übersendung Ihrer Arbeit ‚Athen besiegt Atlantis, eine Studie über den Ursprung der Staatsutopie' möchte ich Ihnen meinen Dank sagen. Ich habe ihre Arbeit aufmerksam gelesen. Leider kann ich Ihnen in keinem Punkt zustimmen." Und dann folgt die Widerlegung. Sehr klar, sehr überzeugend. Aber ob es wirklich so war?

Ein halbes Dutzend Bücher hat Jürgen Spanuth geschrieben, sein letztes behandelt das Entstehen der Ostsee. Kein anderes Meer habe eine ähnlich aufregende Geschichte, sagt er, an den Muscheln und Schnecken könne man viel erkennen. Es gebe Arten, die nur im Süßwasser, andere die nur im Salzwasser lebten.

Er erzählt auch die Geschichte vom „Jäger aus Kurpfalz", der eigentlich aus der Obersteiermark stamme, im 17. Jahrhundert aber in die Pfalz ausgewandert sei, auf diesem Wege sei auch die grüne Jägeruniform in Deutschland eingeführt worden.

Vom Schreibtisch nimmt er eine grüne Kupferplatte, die die Form eines getrockneten Kuhfladens hat. Und damit ist er wieder in Atlantis. Das Erz hat er persönlich vom Meeresboden vor Helgoland geholt, und er ist überzeugt, daß er in einem primitiven Gußofen auf der versunkenen Königsinsel hergestellt wurde. Es ist sein einziges handfestes Beweisstück, denn als der Schuppen neben dem gutbürgerlichen Haus am Rande von Breklum abbrannte, wurden bei den Aufräumarbeiten die Fliesen mit „entsorgt", die er aus der im Meer versunkenen Königsburg an die Oberfläche geholt hat.

„Die Leute interessieren sich nicht mehr für Atlantis", sagt Jürgen Spanuth und öffnet die Plastikhülle der fünften Auflage seines Buches „Die Atlanter". Beim Schreiben verdiene er weniger als ein Hilfsarbeiter, und er ist bereit, als Beweis auch die Abrechnung seines Tübinger Verlages offenzulegen.

Er habe immer zur falschen Zeit seine Bücher veröffentlicht, sagt er. Das erste Mal 1938 mit der Beschreibung über die Bekehrung der Nordfriesen zum Christentum. Manuskript und alle gedruckten Exemplare habe der staatliche Sicherheitsdienst beschlagnahmt, und zur Strafe sei der Infanterist Spanuth nicht befördert worden.

„Meine Vorfahren sind alle aus Schleswig-Holstein gekommen“, berichtet Jürgen Spanuth, aber sein Vater habe sich als Pastor nach Österreich versetzen lassen, und daher sei er dort geboren. Studiert habe er dann aber in Kiel, jedenfalls im Sommer. Neben der Theologie auch Archäologie. Deshalb verstehe er etwas von dem, was er schreibe. Und wenn Platon behaupte, Atlantis sei 9000 Jahre vor seiner Zeit versunken, dann beruhe diese Zeitangabe auf einem damals weit verbreiteten Mißverständnis. In Ägypten, von wo die Geschichte über die versunkene Königsinsel stamme, sei nicht in Jahren, sondern vorwiegend in Monaten gerechnet worden. Somit erkläre sich das Jahr 1200 für den Untergang.

Und warum ihn die heimische Wissenschaft nach Veröffentlichung seiner These Anfang der 50er Jahre so heftig bekämpft habe? „Weil die Herren nicht vertragen, wenn ein Außenseiter etwas Wichtiges entdeckt“, antwortet Jürgen Spanuth. Für ihn steht es fest, daß die von König Ramses III. besiegten Seevölker die nach dem Untergang von Atlantis gen Süden geflüchteten Nordmannen waren. Was ihn da so sehr sicher mache? Er sei mehrfach nach Ägypten gereist und hat sich die Darstellungen und Inschriften am Tempel Medinet Habu angesehen.

„Es gibt keinen Zweifel“, sagt Jürgen Spanuth mit Unnachgiebigkeit, und legt die zerfressene Kupferplatte vom Nordseegrund zurück auf den Schreibtisch.

Baldur Springmann im Grünen

Baldur Springmann, geboren 1912 in Düsseldorf, gelernter Diplomlandwirt. Gründete Ende der 70er Jahre die Partei der Grünen in Schleswig-Holstein und war deren erster Landesvorsitzender. Er war außerdem maßgeblich am Aufbau der grünen Bewegung auf Bundesebene beteiligt. 1982 zog er sich aus Enttäuschung über den linken Kurs aus der Parteiarbeit zurück.

Neues vom Grünen-Urvater

191

Baldur Springmann trägt noch immer den berühmten grünen Kittel mit den Blumenbordüren. Grün sei die Farbe, die eng mit seinem Denken verbunden sei, sagt er. Alle Blusen habe noch seine verstorbene Frau genäht, und er sei den örtlichen Behörden wirklich dankbar dafür, daß er die Urne auf dem Grundstück neben dem großen Findling behalten durfte.

Bei unserem letzten Gespräch vor zehn Jahren saß Baldur Springmann noch im Schneidersitz auf dem großen Ohrensessel und stand der Grünen-Partei ganz nahe. Jetzt hält er die Füße auf dem Boden und sagt, die Grünen seien ihm zu rot und verbreiteten vorwiegend Ideologien. Aber seine Kritik geht tiefer: „Wir brauchen ein neues demokratisches System. Das Parteienwesen hat sich überholt, weil die Parteien 80 Prozent ihrer Kraft für die Bekämpfung des politischen Gegners vergeuden." Ein System müßte her, das die gemeinsame Bewältigung der Probleme zum obersten Ziel habe. Doch leider sei ihm der Stein des Weisen noch nicht vor die Füße gerollt.

Und während der Regen gegen das norwegische Blockhaus schlägt, serviert Baldur Springmann in den von seiner Tochter getöpferten Tassen den Kaffee, empfiehlt zum Süßen den geschmacksneutralen Ahornsaft und stellt eine Schale mit Gebäck dazu, damit es etwas gemütlich werde. Dann kehrt er in den Ohrensessel zurück, um von dort seine Agrarphilosophie zu erläutern, wie sie auf dem angrenzenden Hof seines Sohnes weitgehend praktiziert wird: Kein Kunstdünger sei das oberste Gebot, das funktioniere bereits auf 130 Betrieben im Lande. Die Ernte sinke zwar um 20 bis 30 Prozent, aber genau das sei die derzeitige Überproduktion.

Gleichzeitig räumt er ein, daß die Landwirtschaft im derzeitigen Wirtschaftssystem nie konkurrenzfähig sein könne und deshalb müßte entschieden werden: Wollen wir eine Landwirtschaft oder nicht. Falls ja, dann müsse der Staat subventionieren, und es gebe nur eine gerechte Lösung, nämlich das Grundgehalt von 20000 Mark für jede Vollerwerbs-Arbeitskraft, und der gleiche Betrag sollte frei auf dem Hof erwirtschaftet werden. Alles natürlich unter der Voraussetzung, daß ökologischer Landbau betrieben werde. Ein Lehrer bekomme sein Gehalt schließlich auch nur unter der Bedingung, daß er die vom Staat vorgegebenen Lehrpläne einhalte.

„Alles ist so logisch", sagt Baldur Springmann, „aber das Traurige ist, daß es die Verantwortlichen nicht einsehen wollen."

„Lieber Baldur, wenn wir erst am Ruder sind, dann geht es mit dem ökologischen Landbau los", habe Landwirtschaftsminister Hans Wiesen vor der Wahl versprochen, aber geschehen sei nichts, und Björn Engholm mache einen Bogen um ihn. „Die können vielleicht nicht, wie sie wollen."

Da der Hof Springmann als Modellvorhaben gilt, ist dort ein halbes Dutzend Zivildienstleistender beschäftigt, und als einer von ihnen in das Blockhaus tritt, streicht ihm Baldur Springmann über das Haar: „Ich versuche, mich jeden Tag dafür zu bedanken, daß es mir so gut geht", sagt er gleichzeitig, und dann holt er aus dem kleinen Schlafraum ein gerahmtes Schwarz-Weiß-Foto. Es zeigt die Gebäude eines landwirtschaftlichen Betriebes, den Baldur Springmann als 25jähriger mit eigener Hand aufgebaut hat. Bezahlt aus dem Erbe der großväterlichen Schraubenfabrik. „Ich war damals sehr wohlhabend", sagt er und berichtet von dem Wunder in Form der Wiedervereinigung, die ihm seinen alten Besitz in Mecklenburg zurückgebracht hat.

Die 50 Hektar seien zwar auch einer LPG angegliedert worden, aber das von ihm entdeckte Grundbuch habe eindeutig die alten Besitzverhältnisse bewiesen, er habe mit den Behörden bereits alles geklärt, fahre schon jede Woche einmal nach Neuenhagen und werde demnächst die ersten 20 Hektar wieder übernehmen und Galloway-Rinder züchten. Nicht als Eroberer wolle er dorthin kommen, von wo er vor 40 Jahren bei stürmischer See im Schlauchboot geflohen sei, sondern alles werde freundschaftlich geregelt, und den alten Verwalter seines Betriebes werde er natürlich übernehmen.

„Das ist eine Aufgabe, die mich belebt“, sagt er, „und wenn das auch noch mit dem Buch etwas würde...“ In zehnjähriger Arbeit hat Baldur Springmann 700 Seiten seines Lebens und vor allem seiner Philosophie zu Papier gebracht und wartet nun auf die Antwort eines Verlegers, der Interesse bekundet hatte.

„Ich habe noch immer rauhe Hände“, sagt er und erzählt, wie er gerade den Erdhügel um die neue große Windmühle mit einer Jahreskapazität von 90000 Kilowatt angelegt hat. Die Hälfte der sauberen Energie ist für den Eigenverbrauch bestimmt, den Rest nimmt das Stromversorgungsunternehmen Schleswag ab.

Nein, er werde sich nie wieder einer Partei anschließen, und den Stapel von Zeitungsausschnitten über seine aktive Zeit als prominenter Grüner habe er im Kamin verbrannt, weil er Selbstglorifizierung ablehne. Aber ein wenig vermisse er die einstige Popularität doch. „Ökologie ist ohne das Religiöse nicht zu verwirklichen“, sagt er.

Beim Abschied im Sturzregen kündigt Baldur Springmann an: „Jetzt werde ich mein Ölzeug anziehen und Klee für die Schweine mähen.“

Albert Stange: Der sparsame Bürgermeister

Albert Stange, geboren 1906 in Kiel, wurde 1945 von der britischen Besatzungsmacht zum Bürgermeister der Steinburger Gemeinde Agethorst eingesetzt und in diesem Ehrenamt nach Wiedereinführung freier Wahlen elfmal bestätigt. Kein anderes Gemeindeoberhaupt in Schleswig-Holstein kann einen ähnlichen Rekord aufweisen.

Die unendliche Amtsgeschichte

Wir sind eben sehr sparsam, sagt Albert Stange, wenn man ihn fragt, warum auf dem Bürgermeisterschild an seinem Haus zu lesen sei, daß Agethorst zum Kreis Rendsburg gehöre. „Alle wissen hier, daß wir Steinburger sind, warum soll ich extra ein neues Schild anfertigen lassen", antwortet er, und was sind auch schon 20 Jahre, die seit Verwirklichung der schleswigholsteinischen Gebietsreform und damit der Umgemeindung Agethorsts von Rendsburg nach Steinburg vergangen sind.

Albert Stange ist gerade für vier weitere Jahre als Bürgermeister bestätigt worden. „Hoffentlich schaffe ich das", sagt er, und wenn er die bis 1994 laufende Amtszeit durchsteht, ist er mit fast 50 Dienstjahren ein eindeutiger Fall für das Guinnessbuch der Rekorde.

Wenn er richtig gezählt habe, dann sei er jetzt zum elften Mal gewählt worden, sagt Albert Stange und erzählt, wie ihn die Engländer 1945 als Bürgermeister eingesetzt haben. „Da war ich platt", und dann öffnet er den Bücherschrank: „Drei Meter Bücher haben sie mir damals weggenommen und nicht wiedergegeben." Und das Bild von Ludendorff, in voller Uniform und handsigniert, sei aus dem Rahmen geschnitten worden. „Haben sie nur vergessen mitzunehmen." Friedrich Schiller dagegen blieb unbeschädigt hängen und der Alte Fritz auch, und unter dem Dichter hängen, auf ein Brett genagelt, Albert Stanges Kriegsorden: „Tragen verboten, aufhängen erlaubt", hat er eigenhändig dazugeschrieben.

Da Albert Stange nicht nur ein hilfsbereiter, sondern auch ein vorsichtiger Mann ist, hat er den Artikel „der in die Zeitung soll" lieber selber geschrieben. Genau 20 Zeilen lang, auf der Rückseite eines Kalenderblattes, denn er ist wirklich sehr sparsam. Daß er in Kiel geboren wurde, steht dort, daß er 1935 die Geschäftsführung der Spar- und Darlehenskasse Agethorst übernahm, und daß sein Haus zur Straße keine Fenster habe. Aber von morgens bis abends werde die Sonne eingefangen. „Und das ist die Hauptsache."

„Nur der Dümmste im Dorf wird Bürgermeister" sagt Albert Stange und geht voran in den Keller. Dort liegt neben der Sauna und den Öltanks das Amtszimmer, dem man diese offizielle Funktion trotz der Schreibmaschine des Baujahres 1936 sofort ansieht, denn auf langen Regalen stehen etwa 100 vermeintliche Aktenbände. Mit dem Aufschlagen kommt allerdings die Überraschung, denn sie enthalten nur Bilder. Burgen und Schlösser, Tiere, Menschen, Brücken, Eisenbahnen, kurzum alles, was sich auf Fotografien festhalten läßt. Albert Stange sammelt diese Aufnahmen, klebt sie auf die Rückseite von überflüssigen Stimmzetteln und ordnet sie nach ihrer Herkunft: Schleswig-Holstein, Deutschland und Europa.

An den Wänden hängen weitere Bilder in langen Gemeinschaftsrahmen. Die Tierszenen stammen von Hermann Görings offiziellem Jagdmaler. „Man muß doch etwas tun", sagt Albert Stange und gesteht gleich zeitig, daß er herrliche Tage verlebe. Er liest täglich drei Zeitungen, und damit die Tischdecke nicht schmutzig wird, hat er sie mit Plastik abgedeckt, und das große Haus hat er 1970 mit nur einem Maurer selbst gebaut. Neben der Zeitung liest er Bücher über Weltanschauung und Religion, und das Schreiben, mit dem er 1934 aus der Kirche ausgetreten ist, schiebt er in einer Plastikhülle über den Tisch. Dabei versichert er, daß es noch viel deutlicher ausgefallen wäre, wenn er damals schon gewußt hätte, daß die Kirche auch den Leiter des Konzentrationslagers in Kuhlen bei Segeberg bezahlt habe. Das sei inzwischen eindeutig bewiesen.

„Ein Bürgermeister hat hier nicht viel zu tun", sagt Albert Stange, aber bei ihm gebe es keine Gebühren. Auf den gerade eingegangenen Bauantrag eines Bürgers seiner Gemeinde setzt er nur den Empfangsstempel und schickt es dann nach Itzehoe. Das Statistische Landesamt möchte Aufklärung über die Bodennutzung der landwirtschaftlichen Betriebe haben, und der Raiffeisenbank hat er gerade geschrieben, sie möge bitte endlich den Graben hinter ihrem Grundstück in Ordnung bringen.

„Ist es nicht herrlich, zu leben", sagt Albert Stange und erinnert sich selbst daran, daß er gleich den Rasen mähen müsse.

Es wäre ein leichtes, die siebenköpfige Gemeindevertretung, der nur Mitglieder der Wählervereinigung angehören, im Wohnzimmer des Bürgermeisters tagen zu lassen, aber Albert Stange hat das Rauchen verboten, und daher tagt man in der Nachbargemeinde Bokelrehm. Nur drei- bis viermal im Jahr, denn es gibt keine Probleme, und der vorgesehene Bau einer Kläranlage ist wegen der hohen Kosten von 1,3 Millionen Mark verschoben worden. „Das Wasser ist immer den Berg heruntergelaufen, und das tut es auch künftig", sagt Albert Stange und besteht darauf, die einen Kilometer entfernt liegende Tongrube zu besichtigen.

Von hier nach Itzehoe führte einst mit 17 Kilometern die längste Seilbahn Deutschlands und brachte dem Lägerdorfer Zementwerk den erforderlichen Rohstoff. 80 000 Mark Gewerbesteuer flossen dadurch in die Kasse von Agethorst, aber ein Wassereinbruch hat die Grube inzwischen in einen malerischen See verwandelt, der kein Geld mehr bringt.

„Eegen Nest ist dat Best", steht in großen Buchstaben an dem Bürgermeisterhaus, und in der Garage zeigt Albert Stange stolz seinen schnellen Wagen. Mit Plakette, für 60 Jahre unfallfreies Fahren.

Fritz Thiedemann: Ein Stein erinnert an seine Siege.

Fritz Thiedemann, geboren 1918 in Weddinghusen/Dithmarschen, absolvierte zunächst eine landwirtschaftliche Ausbildung. 1938 wurde der Pferde-Liebhaber zu einem Reiterregiment einberufen und 1940 in den Dressurstall der Kavallerie-Schule in Potsdam abkommandiert. Nach dem Krieg widmete er sich ganz dem Reitsport. Sein legendäres Pferd „Meteor" galt als das berühmteste Springpferd der Welt. 1952 (Helsinki), 1956 (Stockholm) und 1960 (Rom) nahm Fritz Thiedemann mit ihm an den Olympischen Spielen teil und gewann zwei Gold- und zwei Bronzemedaillen. 1961 zog er sich vom aktiven Sport zurück.

Von Pferden und Trophäen

Die Wetterfahne auf dem Haus am Stadtrand von Heide besteht aus einem Pferd. Auf dem Briefkasten befinden sich zwei Pferdeköpfe, und wenn der Hausherr die Tür ohne Namensschild, aber mit dem Hinweis „Wi snackt platt“ öffnet, dann tritt man auf ein Hufeisen. „Meteor“ trug es bei den Olympischen Spielen 1952 in Helsinki. Gleich links an der Wand hängt das Wunderpferd als großes Farbbild, in den gegenüberliegenden Schränken befinden sich einige hundert Trophäen in Form von Bechern, Schalen, Manschettenknöpfen, silbernen Lorbeerblättern. Das sind etwa 20 Prozent, sagt Fritz Thiedemann und geht voran ins Wohnzimmer. Dort gibt es Pferde als Tischstützen, als Kaminbesteck, als Relief, als Tablettschmuck und in Bronze. Im Garten stehen Pferde der mexikanischen Art, und wo heute die Rhododendronbüsche mehr als mannshoch wachsen, befand sich die alte Reitbahn. Zwei Hufeisen von „Meteor“ sind im Kamin eingebaut, und hinter der Terrasse mit dem Relief von „Meteor“, dort wo der 5 000 Quadratmeter große Park beginnt, steht ein Findling mit fünf Namen und fünf Jahreszahlen: Loretta 1950, Meteor 1951, Diamant 1954, Finale 1958, Retina 1959.

Befürchtungen, daß die Genannten unter dem Stein ihre letzte Ruhe gefunden haben könnten, bestätigen sich jedoch nicht. Der Gedenkstein ist ein Geburtstagsgeschenk der drei Kinder zum 70. und soll an die fünf Derby-Siege in Hamburg erinnern. Kein anderer Reiter hat diesen Rekord bisher brechen können.

„Leistungssport ist Sklaverei“, sagt Fritz Thiedemann. Etwa 550 Siege hat er verbucht, 132 mal ist er gestürzt, und fragt man ihn, ob Reiten gesund sei, dann hebt er unter sichtbaren Schmerzen einen Stein im Garten auf, und sofort möchte man die Frage wieder zurücknehmen.

„Mit einer gebrochenen Rippe ging keiner ins DRK-Zelt“, fügt er hinzu, und die Gehirnerschütterung habe man einfach so weggesteckt.

Mit 65 hat Fritz Thiedemann zum letzten Mal auf einem Pferd gesessen, und vier Jahre vorher zog er sich von den Wettkämpfen zurück. Sein Rat: „Ein Springreiter sollte bis 40 Jahre aktiv sein, ein Dressurreiter wird erst ab 40 gut.“

„Als ich noch aktiv war, mußte ich pro Jahr 12000 Autogrammkarten verschicken“, sagt Fritz Thiedemann. Bis vor zwei Jahren seien es noch 4000 gewesen, aber als Boris Becker und Steffi Graf populär wurden, ging die Nachfrage schlagartig zurück. Jede Karte habe ihn 1,48 Mark gekostet, und wenn er mit „Meteor“ zum Beispiel in Neumünster gesiegt hatte, dann gab es dafür 180 Mark Prämie, die außerdem noch der Besitzer einstrich. Er selbst habe nur acht Mark Tagegeld bekommen, weiter nichts. Damals seien die Reiter wirkliche Amateure gewesen, und selbst als Mitglied der Nationalmannschaft habe er im Stroh geschlafen, um das Geld für die Übernachtung im Gasthof zu sparen.

1200 Tulpen hat Fritz Thiedemann zusammen mit seiner Frau im großen Garten gepflanzt. Und im Teich schwimmen 120 Fische. Daneben stehen 400 Rosen, und das Anwesen verdient die Bezeichnung „herrschaftlich“.

Wie das alles als Amateur zu erreichen sei? „Wir haben nie Urlaub gemacht und stets nach dem Motto gelebt: Nicht durch Einnahmen kommt man zu etwas, sondern durch Sparsamkeit.“

Und dann berichtet Fritz Tiedemann, wie er nach dem Krieg Ackergäule in Reitpferde verwandelt hat. 140000 Mark seien ihm einmal für ein Pferd geboten worden, nach heutigen Geldwert mehr als eine Million Mark. Er habe abgelehnt, später sei das Tier erkrankt, und er habe es verschenkt.

Zwei Bände über sein Reiterleben und über „Meteor“ sind sehr gut verkauft worden, doch der Verlag machte Konkurs und das Honorar blieb aus.

Auf dem Fensterbrett steht ein Bronzepferd, das Fritz Thiedemann für seinen ersten Sieg in der Berliner Deutschlandhalle erhielt. Das war im Jahre 1937, und es war auch das erste Mal, daß er seine Heimatstadt Heide verlassen hatte. Das dazugehörende Foto steht im Regal. Es zeigt einen verschüchtert blickenden Jungen vom Lande, dem der mit Kriegsschmuck überladene Generalfeldmarschall von Mackensen die Hand drückt. Die danebenstehenden Bilder zeigen Fritz Thiedemann mit Max Schmeling, Franz-Josef Strauß, Prinz Philipp und Ludwig Erhard.

Fragt man den jeweils zweifachen Gold- und Bronzemedaillengewinner, warum er auf einem Pferd nicht spazierenreiten kann, dann antwortet er: „Ein guter Reiter will am Pferd immer arbeiten, und wenn er körperlich nicht mehr dazu in der Lage ist, kommt es zu Differenzen." Und dann sagt er noch einmal: „Wir haben kein Geld verdient, aber viel Spaß gehabt."

Draußen im Flur öffnet er bei der Verabschiedung den Schrank mit den Trophäen und zeigt das Bundesverdienstkreuz des Verdienstordens, das nur fünf Sportler besitzen: Max Schmeling, Hänschen Frömming, Hans-Günther Winkler, Fritz Thiedemann und Uwe Seeler. Für die Bewachung ist ein schwarzer Dobermann zuständig.

Rudolf Titzck: Rückzug in die Bücherwelt

Rudolf Titzck, geboren 1925 in Neukirchen/Nordfriesland, ist gelernter Jurist und gelangte über die Beamtenlaufbahn in die Politik. Von 1963 bis 1969 war er Bürgermeister und Kämmerer von Kiel, anschließend wurde er für eineinhalb Jahre als Staatssekretär Chef der Staatskanzlei des damaligen Ministerpräsidenten Helmut Lemke. Von 1971 bis 1979 war er Innenminister und anschließend bis 1983 Finanzminister. Als Nachfolger von Helmut Lemke übernahm er im gleichen Jahr das Amt des Landtagspräsidenten, das er im Oktober 1987 verlor, nachdem die SPD bei den Landtagswahlen stärkste Fraktion geworden war.

Manchmal müsse er sich selber kneifen, um zu fühlen, ob es wirklich wahr sei, sagt Rudolf Titzck, und wenn er in seinem Leben etwas bedauere, dann nur die Tatsache, daß er im Jahr der deutschen Einheit nicht mehr im Staatsdienst stehe, um am Aufbau der demokratischen Strukturen in den neuen Bundesländern teilzunehmen. Zusätzlich verrät er, daß er am Richtfest für den Grenzübergang bei Zarrentin als eigentlich einweihungsberechtigter Finanzminister nicht persönlich teilgenommen habe, weil er das einfach nicht übers Herz gebracht habe.

„Mit dem Auto fühle ich mich jetzt sehr unabhängig", sagt Rudolf Titzck. Und da er als Radfahrer die Verkehrszeichen schon gekannt habe, sei die Umstellung vom Gefahrenwerden auf das Selberfahren auch nicht so schwer gefallen. Aus Verantwortungsbewußtsein gegenüber der Familie und anderen Verkehrsteilnehmern habe er jedoch den alten Führerschein durch freiwillige Fahrstunden aufgefrischt.

Als Beweis dafür, daß er sich auch in unwegsamem Gelände voranbewegen kann, holt Rudolf Titzck ein Foto, daß ihn zusammen mit dem einstigen Kollegen Philip Jenninger mit aufgekrempelten Hosenbeinen im Wattenmeer zwischen Amrum und Föhr zeigt. Da er ungern etwas dem Zufall überläßt, hat Rudolf Titzck noch weiteres Anschauungsmaterial bereitgelegt. Darunter die mit goldenem Familienwappen geschmückte, rot eingebundene Sammlung eigener Beiträge aus vier Jahrzehnten Tätigkeit im öffentlichen Dienst.

Aus dem Vortrag, gehalten am 10. Januar 1985 vor dem deutschen Grenzverein, liest Rudolf Titzck die Passage vor, in der er dringend davor gewarnt hatte, die Hoffnung auf eine Wiedervereinigung aufzugeben. Es sei angenehm, wenn man sich bestätigt fühle, sagt er und trägt das rote Buch ordnungsgemäß davon.

Auf dem Rückweg bringt er die verglaste Urkunde der Gemeinde Nebel mit, die ihn für besondere Verdienste um die Insel Amrum zum Ehrenbürger erhebt. Beim Betreten der Insel verwandele er sich sofort in einen völlig anderen Menschen, sagt Rudolf Titzck und zeigt ein Foto von der „Arche“, die auf 2 000 Quadratmeter steht, ein Reetdach trägt und sich seit drei Jahrzehnten im Familienbesitz befindet. In seinem Festvortrag zum 100jährigen Bestehen des Seebades äußerte Rudolf Titzck daher auch folgerichtig die Vermutung, mit Amrum könnte die Schöpfung begonnen haben.

Nach dieser Einstimmung hat der Gastgeber für den grundsätzlicheren zweiten Gesprächsteil ein handgeschriebenes Manuskript erarbeitet, das mit dem Satz beginnt: „Man muß mit der veränderten Situation fertigwerden“, und gemeint ist der vom Wähler unterschriebene Abschied aus der Politik. Es habe eine gewisse Zeit gedauert, bis er alles hinter sich gelassen habe, und zusätzlichen Trost biete ihm das Bibelwort „Ein jegliches hat seine Zeit“, das seine Frau Inge auch zum Titel eines Gedichtbandes gemacht hat. Wenn man zu dieser Einsicht gekommen sei, dann habe man keine Probleme, sagt Rudolf Titzck, und präzisiert die erwähnte Zeit in „40 Jahre Tätigkeit im öffentlichen Dienst, davon 24 in herausgehobenen Positionen“.

„Wenn Sie mich fragen sollten, welche Zeit die schönste war“, sagt Rudolf Titzck, diese Frage sei schwer zu beantworten, er möchte aber keines seiner Ämter missen. Besonders stolz sei er darauf, daß in seiner Entlassungsurkunde als Finanzminister die Worte „auf sein Verlangen“ stünden. Seine erfolgreiche Bewerbung um das Amt des Landtagspräsidenten sei auch keineswegs „eine Fluchtbewegung“, sondern „krönender Abschluß“ seiner Laufbahn gewesen. Das habe zum Beispiel Uwe Barschel nie verstehen wollen.

Ja, es mache ihm Spaß, durch das Land zu fahren und frühere Tatorte zu besuchen“, und mit dem Hinweis darauf, daß die 80er die goldenen Jahre der Denkmalpflege gewesen seien, stößt Rudolf Titzck auf eine Pressemitteilung, die festgehalten hat, was er als damaliger Finanzminister nach erfolgreicher Restaurierung wieder einweihen durfte: Den Oldenburger Wall und den Jagdpavillon am Uklei-See, das Kloster Cismar und die Musikhochschule Lübeck.

An dieser Stelle hätte die Frage nach dem Verantwortlichen für den Bau des Schleswiger Wikingturms gestellt werden müssen, aber daraufhin wären wahrscheinlich die Kerzen verschreckt erloschen, und außerdem passierte diese Sünde schon lange vor den als „golden" eingestuften 80er Jahren.

„Ich habe mit meiner Vergangenheit keine Probleme", versichert Rudolf Titzck. Und als wäre die Zeit vor zehn Jahren stehengeblieben, überreicht er das berühmte Streichholzheftchen in den Landesfarben, mit seinem Foto und der Aufschrift „dar will ich mi mal um kümmern".

In 17 Tagen um die Welt: Beate Uhse

Beate Uhse-Rotermund, geboren 1919 in Wargenau (Ostpreußen). Absolvierte zunächst eine Haushaltslehre, wurde vor dem 2. Weltkrieg Testpilotin und gründete 1951 in Flensburg ein Unternehmen für Sex-Artikel. 1990 betrug der Jahresumsatz rund 120 Millionen Mark.

Gallionsfigur in pink

207

Die große Schere wirkt zunächst etwas bedrohlich, aber Beate Uhse benutzt sie nur, um einen silbernen Faden an der pinkfarbenen Bluse abzuschneiden, und als das nicht gelingt, wird die Assistentin zur Hilfe gerufen.

Die engen Jeans passen farblich zum Oberteil, den Fußknöchel ziert ein goldenes Kettchen, und man könnte vermuten, daß sie gleich an ein Trapez springen oder mit den silbernen Tanzschuhen über ein Seil spazieren werde.

„Ich hätte nie gedacht, daß man völlig ohne Magen leben kann", sagt Beate Uhse und erklärt, warum sie schon 15 Tage nach der Operation aus dem Krankenhaus entlassen wurde, während andere doch fünf Wochen oder länger bleiben müssen: „Ich bin die Gallionsfigur der Firma, und wenn man nicht gefordert wird, dann wird man dumm und träge."

Eine Wand des abgeteilten Großraumbüros besteht aus einer mindestens zehn Quadratmeter messenden Weltkarte, und von Flensburg über Australien bis Südamerika zeigt ein schwarzer Faden die Route einer Weltreise, die Beate Uhse im Winter 1986 mit der „Concord" gemacht hat, und sie holt die Urkunde, auf der ihr bescheinigt wird, daß es wirklich nur 17 Tage waren.

„Ich wollte eine Karte haben, die den Pazifik in der Mitte enthält, und das war gar nicht so leicht", sagte Beate Uhse. Auf der Riesen-Weltkarte sind noch einige Banknoten befestigt, und eine Nadel mit rotem Kopf hält mitten im Stillen Ozean den Wahlspruch der Gastgeberin: „Nicht die Großen werden die Kleinen fressen, sondern die Schnellen die Langsamen."

„Irgendwo habe ich das gehört, und mich geärgert, daß es nicht von mir ist, denn es ist völlig richtig", sagt Beate Uhse, und auf die Frage, woran es liege, daß sie bekannt sei wie der jeweilige Bundeskanzler, antwortet sie: „Falsch, ich bin viel bekannter, weil ich nicht so oft ausgewechselt werde."

Und wie dem Kanzler die neuen Wähler, so sind Beate Uhse mit dem Fall der Mauer die Kunden in den Schoß gefallen. „Die Ossis kaufen preiswertere Sachen als die Wessis, und es kaufen mehr Frauen. Sie sind auch in der Sexualität sehr frei und aufgeschlossen und außerdem dankbar." Als Beweis trägt Beate Uhse das ihr von einem Ostkunden übersandte Stück aus der Mauer herbei und anschließend auch die rotgebundene Urkunde nebst vaterländischem Verdienstorden. Es sind zwar nur Imitationen, aber bedrückend echt den Originalen nachempfunden.

Nein, es werde ihr wirklich nicht langweilig, immer nur Sex zu verkaufen. Süßwaren, die habe man schnell satt, aber nicht „dieses wichtige Segment im menschlichen Leben. Hinzu kommt, daß die Menschen zunehmend liberaler werden. Es zeigt sich daran, daß jetzt schon solche Gruppen Bestellungen aufgeben, die sich vor 20 Jahren nicht getraut haben. Die Lehrerinnen etwa."

Das neben der Riesen-Weltkarte hängende große Bild von der Silhouette Manhattans hat Beate Uhse selbst fotografiert. „In New York möchte ich nicht wohnen", sagt sie, alles sei so schwer zu erreichen. Außerdem brauche sie ihren Bio-Garten. „Zehn Jahre lang habe ich in New York einen Freund gehabt", fügt sie noch hinzu, aber der erhoffte Seufzer bleibt aus. Wer auf dem großen Schreibtisch etwas anderes erwartet, der wird enttäuscht. Dort stehen nur ein züchtiger Buddha aus Thailand und ein bunt bemalter Elefant aus Indien. Nur ganz oben auf dem Schrank glitzert goldig und erhaben ein Stück Anschauungsmaterial.

Wie ein Kind sein neues Spielzeug, so will auch Beate Uhse unbedingt ihren Versand zeigen. Zunächst erklärt sie den Arbeitsablauf von der Galerie, und beim Gang durch die Abteilung fragt sie zunächst immer „wie läuft es denn". Alles läuft prächtig. Vor Weihnachten habe selbst der gesamte Vorstand mit eingepackt verrät sie und schafft die Führung in genau sechs Minuten.

Sie mache jetzt dreimal im Jahr Urlaub, und genau achtzehn Stunden brauche sie von Tür zu Tür, und gemeint sind die Häuser in Glücksburg und in Florida. Natürlich fliege sie auch noch selber, allerdings nicht den firmeneigenen Jet, und natürlich nicht mehr kriegerisch verkleidet, wie auf dem Bild in der Gedächtnisekke, das sie ganz in Leder vor einer kämpferisch aufgestellten Flugzeug-Staffel von Focke Wulf 56 zeigt. Daneben drückt ihr auf einem Foto Willy Brandt die Hand, und Jochen Steffen amüsiert sich sehr.

Etwa 6000 Artikel enthält das Sortiment, und da sie eine gute Geschäftsfrau ist, überreicht Beate Uhse als Abschiedsgeschenk ein Stück, das nicht zu den Bestsellern gehört: Ihre in Buchform gefaßten Erinnerungen an 70 Jahre Lust und Liebe. Und dann ist sie irgendwo in den Kulissen zwischen Weltkarte, indischen Elefanten und den Wolkenkratzern von Manhattan verschwunden.

Arbeit an der Handbibliothek: Jürgen Westphal

Dr. Jürgen Westphal, Jahrgang 1927, studierte Geschichte, Theologie und Rechtswissenschaften. Von 1958 bis 1970 war er Chefsyndikus von Blohm & Voss sowie Rechtsanwalt in Hamburg, anschließend Vorstandsmitglied der HADAG Seetouristik. 1973 berief ihn Gerhard Stoltenberg zum schleswig-holsteinischen Wirtschaftsminister. Dieses Amt übte Westphal bis 1986 aus. Wegen Unstimmigkeiten mit Uwe Barschel verließ er das Kabinett und trat wieder in seine alte Rechtsanwaltspraxis in Hamburg ein.

Aus seinem Büro an der Esplanade zeigt Jürgen Westphal zunächst auf die St. Petri-Kirche und dann auf das Rathaus. Dort sei sein Ururgroßvater Pastor gewesen und dort der Urgroßvater, Johann-Georg Mönkeberg, Bürgermeister. Hinter dem Hochhaus verläuft die meistbefahrene Eisenbahnlinie Deutschlands, und Jürgen Westphal sagt, er sei jetzt auch in den Aufsichtsrat der Waggonbau-Aktiengesellschaft geholt worden, die 20 000 Mitarbeiter zähle und vor allem die Sowjetunion beliefere.

Wer nach seinem Ausscheiden aus der Politik behaupte, der Abschied sei nicht schwergefallen, der spreche nie die Wahrheit, sagt Jürgen Westphal. Auch ihm sei die Umgewöhnung nicht leichtgefallen. Der Wechsel sei aber sehr erzieherisch gewesen, denn jetzt müsse er wieder alles selber erledigen, und als Anwalt sei man ohnehin ein Individualist.

Jürgen Westphal raucht reichlich vom Inhalt einer goldfarbenen Packung, und wenn er die Linke mit der Zigarette zum Mund führt, umfaßt er mit der Rechten das Handgelenk.

Als einziger Minister im Kabinett Uwe Barschels hat Jurgen Westphal lange vor Anbruch des Skandals seinen Abschied eingereicht. „Barschel und ich hatten ein gespanntes Verhältnis, weil ich mit seiner Form, Macht auszuüben, nicht konform ging." Er habe immer gedacht, jemand säge an seinem Stuhl. Intellektuell und auch mit seiner politischen Entscheidungsfreudigkeit sei er ein Supermann gewesen, „sein Defizit aber war der Mensch. Er war auf einer pubertären Stufe stehengeblieben", und die Inszenierung seines Todes habe zum Charakter gepaßt. „Im nachhinein frage ich mich natürlich, ob ich nicht schon früher hätte Flagge zeigen müssen, aber ich war mir nicht sicher, ob ich im Urteil richtig lag, und vielleicht war ich wie viele andere in der Partei auch einfach zu fair." Aber man möge über angenehmere Dinge sprechen, empfiehlt Jürgen Westphal und wechselt das Thema.

„Ich spiele jetzt wieder viel mehr Klavier und lerne außerdem Spanisch", und er habe sich daran gewöhnt, nicht mehr so stark im Mittelpunkt der Öffentlichkeit zu stehen.

Natürlich gehe er auch nicht als Anwalt zum Gericht. Strafsachen könnten andere viel besser erledigen. Statt dessen kümmere er sich um die Grenzbereiche zwischen Recht, Wirtschaft und Politik. Man müsse eben eine Marktlücke finden.

Von seinem Arbeitsplatz blickt Jürgen Westphal auf ein Modell des 1983 bei HDW erbauten Containerschiffes „Conscience", das er aus Kiel mitgebracht hat. Daneben hängen zwei Bildplakate des britischen Popart-Grafikers David Hockney.

Bei gutem Wetter komme er die zwei Kilometer von seinem Haus in Harvestehude mit dem Fahrrad zum Dienst, und er verrät auch, daß ihn Bundeskanzler Helmut Kohl nach dem Tod von Uwe Barschel gebeten habe, sich um die Nachfolge zu bewerben. Er aber habe die gerade zurückgewonnene Freiheit bewahren und kein neues politisches Amt übernehmen wollen.

„Nach zwölf Jahren Tätigkeit als Minister läßt die Kreativität nach, und man lebt nur noch von der Routine", sagt Jürgen Westphal, und in der Politik habe er mehr gute Beziehungen gehabt als schlechte.

Auf die Frage nach dem Urteil über seine beiden Nachfolger als Wirtschaftsminister antwortet er: „Über Vorgänger und Nachfolger soll man nicht reden", und ein wenig mit der eigenen Drahtigkeit kokettierend, fügt er hinzu: „Ich mag keine nörgelnden alten Männer".

Auf den Niedergang der von ihm mitgegründeten privaten Nordischen Universität kommt Jürgen Westphal freiwillig. Das Scheitern dieses Projektes habe ihm „sehr weh getan", und zum ersten Mal in seinem Leben habe er nicht erreicht, was er unbedingt erreichen wollte. Die Konzeption sei offenbar zu groß gewesen, er habe das Engagement von privater und öffentlicher Seite wohl überschätzt, und die für ein solches Projekt erforderlichen optimalen Gegebenheiten seien nicht vorhanden gewesen.

„Ich muß mit meiner Tätigkeit nicht unzufrieden sein", verrät Jürgen Westphal im besten Hamburger Understatement, und obwohl in Kiel jetzt eine andere Regierung an der Macht sei, könne man in aller Ruhe ins Theater gehen. Er sei wirklich kein Sozialistenhasser, und die Parteien müßten lernen, gemeinsam und abwechselnd Verantwortung zu tragen.

Aus dem schallgedämpften Großraumbüro mit den Ehrfurcht erweckenden juristischen Buchreihen kann Jürgen Westphal nicht nur das Rathaus und die Petrikirche sehen, sondern auch gleichzeitig die Binnen- und die Außenalster.

Er habe jetzt viel mehr Zeit als früher in der Politik, sagt er, aber „solange der Motor läuft, sollte man ihn nicht bremsen".

Der Autor

Erich Maletzke wurde 1940 in Pommern geboren und kam während des Krieges nach Schleswig-Holstein. In Rendsburg besuchte er die Herderschule und studierte anschließend in Kiel und Exeter Anglistik, Geschichte und Pädagogik. Statt wie geplant in den Schuldienst, führte ihn der Zufall in den Journalismus. Bevor er Chefkorrespondent des Schleswig-Holsteinischen Zeitungsverlages wurde, war er Chefredakteur der Landeszeitung in Rendsburg. Daneben schrieb er mehrere Bücher, darunter eine Fortsetzung von Thomas Manns „Felix Krull", „Der Tod des Kammerherrn", der einen historischen Mordfall zum Inhalt hat, sowie ein heiterer Erfahrungsbericht über seine „Schafzucht". Erich Maletzke lebt in einem alten Bauernhaus in Schormoor/Dithmarschen.

Namensregister

Fotohinweis

Erich Maletzke 2., 3., 4., 5., 11., 13., 16., 17., 18., 21., 22., 23., 25., 26., 27., 28., 31., 33., 37., 38., 40.-50.
Astrid Boelter 1., 6., 8., 9., 10., 12., 15., 19., 20., 24., 30., 32., 35., 51.
Friedrich Schreiber 39.
Hoffmann & Campe 29.
J. H. Darchinger 34.
privat 7.
Walter Braun 214.
Herbert Schlünsen 36.
Titelbild: H. Dietrich Habbe.